現代社会学ライブラリー | 1

動物的／人間的

1. 社会の起原

大澤真幸
Masachi Ohsawa

Library of
Contemporary
Sociology

弘文堂

第1章 生成状態の人間……5

1. 知の究極の主題　6
2. 「人間とは…」　8
3. 経験科学の知見　11
4. サルの解剖の鍵としての人間の解剖　16
5. ハイデガーのトカゲ　22
6. 問いの構造　27

第2章 原的な否定性……33

1. 原的な否定性　34
2. 最初の人間に対する神の警告　39
3. チンパンジーの言語習得？　44
4. 名前の謎　47
5. 社会の起原という問い　54

第3章 動物の社会性 …………57

1. 利己的な動物個体　58
2. 種の論理　61
3. 包括適応度　68
4. 遺伝子の利己性　79
5. 動物の本源的な「社会性」　84
6. 個体と社会　90
7. 思想のもう一つの戦場　98

第4章 〈社会〉の起原へ …………105

1. 人間的な社会性　106
2. 理不尽な生存　111
3.「秩序の連続的破壊」としての秩序　119
4. 仰向けに寝る赤ちゃん　123
5. 鏡の中の自己＝他者　133
6. 小括　138

あとがき ………………145

第1章 生成状態の人間

1．知の究極の主題

　人は知ろうとして、探究する。しかし何を知りたいのか？　何が探究の目標なのか？

　人が知ろうとしているもの、人の探究の最終的な目標、あらゆる学問の蓄積が最終的にそこへと向かって収斂していく場所、それは何か？　自分自身である。

　とするならば、人間のすべての知を規定している究極の問いとは、〈人間とは何か？〉にほかなるまい。一見したところでは、この問いには関係していないような知的探究の領域もある。素粒子の構造についての研究とか、金融政策の効果についての研究とか、特殊な素材の電気の伝導率についての実験等々と、われわれは、何でもかんでも、すべてを知ろうとしているように思われる。だが、こうした多様でばらばらな主題や諸分野も、畢竟、〈われわれは何者なのか？〉〈人間とは何か？〉という謎へと迫るための多様な迂回路なのだ。もしわれわれがわれわれ自身が何者かを、何としてでも知ろうという強い情熱に取り憑かれていなければ、今日見るような多様な学問が発展することはなかっただろう。したがって、〈人間とは何か〉を直接に問うことは、あらゆる知の至高の主題であると言わなくてはならない。

　ところで、「Xとは何か」という同一性(アイデンティティ)についてのあらゆる問いは、ときに暗黙のうちに、ときに明示的に、差異を前提にしている。「Xとは何か」という問いは、常に「Xならざるもの」「非X」を念頭においた上で意味をもつ。〈人間〉について何であるかを問うとき、人間と対照させられている〈非人間〉は何であろうか？　それは二つある。

　第一に、それは「神」である。人間を初めとするあらゆる地上的

な存在者を超えた神（々）、超自然的な存在である神（々）との比較・対照において、われわれ人間とは何か？　神（々）の前で、神（々）に対して人間とは何者なのか？　第二に、それは、自然的存在者たち、とりわけ「動物」である。人間以外の動物種との対照において、人間とは何か？　人間が他の自然的な存在者との比較において、どのような示差的な本質を有するのか？

　これら二つの〈非人間〉の中で、伝統的には、前者の方が重要であった。少なくとも西洋においては、あるいは一神教の伝統のもとにある文明においてはそうであった。神と人間は、どのような関係にあるのか？　それは、長い間、知の特権的——あるいは他の諸主題はすべてこれに服属しているという意味で「覇権的」と形容してもよいかもしれない——主題だったのだ。中世の全期間において、神と人間の関係が最も重要な——ほとんど唯一の——学問的主題であったことは言うまでもない。それだけではなく、解釈のしようによっては、19世紀に至るまではなお、神と人間の関係は、学者たちの情熱をかきたてる最も肝心な問いであったと見なしてもさしつかえない。

　人間と他の動物や生物との関係は、神と人間との関係に比べれば、相対的に小さな問題であった。人間以外の動物種・生物種も、被造物であるという点で、人間と同列である。人間は、被造物の中で格別な地位を与えられているように見えるが、しかし、被造物という範疇の中の差異は被造物と創造主との絶対的な差異とは比較しようがない。あるいは、次のように言ってもよいかもしれない。中世や近代初頭においても、もちろん、人は、物体や生物にも知的な関心を寄せてはきたが、それは、明示的に、あるいは、ときに無意識のうちに、被造物の在り様を媒介にして創造主たる神の意図を知りた

いという欲望に規定されていたのだ、と。したがって、自然の探究でさえも、広い意味で、神と人間との関係を知ろうとする知的な営為の一部だったのである。

　だが、現代においては、神との差異を媒介にして人間を定義することの意義は、大幅に低下した。宗教が私的な信仰の領域に追いやられたからである。むろん、今でも、人間が神の前で何であるかを問い続けている人はたくさんいる。そういう人たちにとって、この問いは依然として最も重要な主題である。しかし、今日の社会では、この問いは、もはや、すべての探究の前提をなすような普遍的な問いではない。それは、現在の知のシステムの中では、他の学問的な認識との関連性の薄い問いだ。今では、「神／人間」についての問いは、問いたい人だけが問えばよいという意味で、個人的な主題へと格下げになったと言ってよいだろう。

　この空隙は、すなわちかつて神との関係における人間という主題が占めていた、知の覇権の地位は、何によって埋められるのか？　それは、当然、〈非人間〉のもう一つの項との差異を通じて〈人間とは何か？〉を問う探究であろう。すなわち、人間以外の自然物、とりわけ動物との差異において〈人間〉の同一性を問うことである。人間は、動物とどのように違うのか？　人間は、動物とどの程度、どのように同じなのか？　人間はどこまで動物なのか？　あるいは人間はどのような動物なのか？　こうした問いは、神と人間の関係についてのかつての問いと同等の重要性を、今日の知の全領域で占めていなくてはならない。

2　「人間とは…」

　動物との対照を通じて〈人間とは何か？〉を規定しようとする試

みは、これまで無数に繰り返されてきた。西洋の思想・学問に限ったとしても、古代ギリシアのアリストテレスから始まって、20世紀のハイデガーやハンナ・アレント、ラカン等々まで、その回答は、非常に多様だ。「人間は政治的動物である」「人間は理性をもつ」「人間は言語を用いるが、動物は単にシグナルを発するのみである」「人間は応答し、動物は反応する」「人間は作品を創造し、言語的なコミュニケーションの中で自己を確認する」「人間だけが道具を制作し、使用する」「人間のみが『世界』を有する」「人間だけが道徳をもつ」「人間は約束する動物である」「人間は死を経験するが、動物は単に死ぬ」等々、回答の列は尽きることがない。

どの回答も、それが提起された時点の知見の制約を受けながらも、一定の洞察を含んでいる。しかし、これらはすべて、われわれに共通の基本的なフラストレーションを残す。それは、根本的な断絶、あるいは根本的に新しいものの出現を論定しようとするあらゆる説明に、一般にともなう特徴に関連している。何らかの新しさを強調しようとすれば、それ以前のものを一律に「同じもの」と見なすような単純化が生ずることになる。たとえば、「近代」の断絶を際立たせようとすると、それ以前の——あるいはそれ以外の——多様な諸社会は均しく「前近代」「伝統社会」等へと還元される。あるいは、ヘブライズムとヘレニズムの合流によって形成された「西洋」という文明の意義を言い立てようとすれば、それ以外の文化や社会はすべて「東洋」と見なされることになる。だが、ペルシアもウパニシャッドも儒教も禅も等しく包括する「東洋」とは何であろうか。エドワード・サイードが「オリエンタリズム」として批判したのは、むろん、こうした論理の構成である。

同じことは、人間と動物の区別に関しても言える。人間を動物と

の差異によって規定しようとするときには、すべての種を包摂する、まさに「動物」というカテゴリーを必要とする。だが、バクテリアとアリとネコの間の差異に無関心な「動物」とは何であろうか。さらに、そこまで暴力的に差異を還元した後になお、「人間」のみを切り出す示差的な特徴は、ほんとうに残るのだろうか。動物／人間の一般的な差異化をめぐる、こうした問題は、ジャック・デリダによってすでに指摘されている[1]。だが、デリダのような慧眼の哲学者にわざわざ言われなくても、誰もが、同じような違和感を覚えるだろう。ついでに述べておけば、デリダ自身も同じ形式の単純化の罠にはまっている。たとえば、彼が、西洋の思考を「ロゴス中心主義」や「現前の形而上学」として批判するとき、それは、日本と中国とインドの差異を消去してしまうような「東洋的なスタンス」と対比されている。

　こうした単純化がもつ暴力性を回避するにはどうしたらよいのか。人間と動物とを二項的に、また排他的に対立させるのではなく、両者の間を多段階的に、あるいは連続的に（も）捉えればよいのではないか。ハンナ・アレントの「人間の条件」の提起をこうした工夫のひとつとして理解することができるかもしれない。アレントは、主著『人間の条件』で、人間の「活動的な生 vita acitiva」を三つの層に分けている[2]。「労働 labor ／仕事 work ／行為 action」である。これらは、すべてアレントに固有の語法に従っている。「労働」とは、生命維持の活動のことであり、この水準では人間と動物との区別はない。アレントが「行為」と呼んでいるのは、言語的なコミュニケ

1　Jacques Derrida, *L'animal que donc ju suis*, Édition Galilée, 2006.
2　Hannah Arendt, *The Human Condition*, University of Chicago Press, 1958（ハンナ・アレント著／志水達雄訳『人間の条件』ちくま学芸文庫、1995).

ーションのことであり、「複数性〔社会性〕」という人間にのみ固有な条件に対応した活動がこれである。その中間に「仕事」が配される。「仕事」と「労働」とはどう違うのか。「労働」は、生命を維持するために即座に消費されるものを生産することだが、「仕事」は、耐久性——できることならば永続性——を有する対象を世界にもたらすことである。

 こうした段階設定によって、二項対立の暴力性が消え去るだろうか。困難は、基本的には解消されない。人間／動物の非連続的な飛躍が、特定の項と項の間に設定されるだけだからだ。アレントの場合には、「労働」と「仕事」の間にそれは置かれる。英語の「work」が、「作品」をも意味することからも明らかなように、「仕事」の典型は、芸術的な創造である。「仕事」が人間にのみ属する活動であることは明らかである。

3　経験科学の知見

 ここで、動物を対象とする経験科学・自然科学が、困難を解決してくれるように見える。経験科学に信頼をおく論者は、次のように述べるだろう。かつての「人間とは…」といった定義が、動物を一律に単純化した上で、説明不能な飛躍を人間に見出したのは、それが、一種の形而上学だったからである。生物学、動物行動学、古人類学（自然人類学）、脳科学等の経験科学は、「動物としての人間」、すなわちヒトを他の動物種との相対的な差異の中で特徴づける。これらの諸学は、他の種とヒトとの相違を漸進的な進化の帰結と見なすので、「人間／動物」という単純な二分法に頼ることはない。

 このように考えれば、ヒト（動物としての人間）についての自然科学的な認識が、困難を克服してくれるように思えてくる。先に述

べたように、かつて人間は、まずは神との対比において定義されていた。このとき、人間についての探究は、「神学」という名の形而上学の任であった。教科書以前的な「常識」に従えば、神学を斥け、その地位を奪ったのが、（科学革命以降の）自然科学である[3]。とするならば、人間を（神ではなく）動物との関係の中で定義する任務は、自然科学に担われるのが、当然ではないだろうか。

確かに、自然科学、とりわけ進化論以降の自然科学は、ヒトについて多くのことを教えてくれる。たとえば、今日の古人類学では、ヒト族（ホミニン）が、チンパンジーとの共通祖先から分岐したのは、およそ700万年前のアフリカでのことだったと推定されている。その頃のヒト族を類人猿と分かつ性質は、直立二足歩行であり、当時のヒト族の脳の大きさに関していえば、現在のチンパンジーとほとんど変わらなかった。現生人類、つまりホモ・サピエンスが誕生したのは、およそ20万年前で、やはりアフリカでのことである。ゲノム（全遺伝情報）については、ヒト（ホモ・サピエンス）とチンパンジーは、98.8％は同一である[4]。野外観察等から、チンパンジ

---

[3] 「教科書以前的な『常識』」とここで記したのは、この「常識」が間違っているからである。このことは、科学革命の主役ニュートンが、非常に熱心な聖書研究者であったことを思うだけでも、おおむね理解できるだろう。あるいは、ガリレオのことを考えてもよい。ガリレオは、コペルニクスの地動説を支持して、教会から批判されたが、キリスト教に反対していたわけではない。逆である。彼は、文字テクストよりも自然そのものに、神の意志が正確に書きこまれていると考えたのだ。科学革命の担い手は、したがって、神学を否定したわけではない。むしろ、彼らの意識からすれば、「自然科学」は──当時そんな学問名はなかったが──、神学の徹底版である。以下の文献を参照。村上陽一郎『近代科学と聖俗革命』新曜社 , 1979. 大澤真幸『量子の社会哲学』講談社、2010.

[4] つまり、ヒトのゲノムとチンパンジーのゲノムでは、塩基配列の1.2％に違いがある。この「1.2」という数字が、チンパンジーとヒトが遺伝子のレベルで近いことを示しているのかどうかを判断するためには、ヒトのゲノムを、チンパンジー以外の種のゲノムとも比較する必要がある。たとえば、マカク族のサルであるアカゲザルとヒトのゲノムでは、6.5％の相違がある。ゲノムに関しては、ヒトとチンパンジーの距離は、チンパンジーとマカクの距離よりもずっと小さいことがわかる。もっとも、ゲノムというものは、意外なほどに共通している。たとえば、ヒトを、イネのような突飛なものと比較してみても、ほぼ同じものが40％もあるという。

ーも、ある種の道具を使うことができることがわかっている。等々。

　今、ヒトと動物との異同に関連する経験科学の知見を、まったくランダムにあげてみた。こうした知識が積み重なっていくと、やがて〈人間とは何か〉という問いへの答えが見つかるのだろうか？　この種の科学的な知識の蓄積は、〈人間〉の本質へと漸近していく過程なのか？　何かが根本的に欠けているように感じられないだろうか。たとえば、「原初のヒトは、直立二足歩行する（ヒト科の）霊長類で、脳の大きさは400ccで…」等と言われたとき、〈人間とは何か？〉を知りたかったわれわれは、不本意なおもちゃを与えられたときの子どものような気分にならないか。「これはあれじゃない！」と。経験科学の知見は、〈人間〉が何かということについて、手がかりを与えてくれる。しかし、それ自体が直接に答えになっているわけではない。

　ためしに、「人間は理性的な動物である」という伝統的な形而上学の規定と脳の大きさの進化についての古人類学の知見とを比較してみよう。両者は比較にふさわしい。実際、古人類学者を初め、ヒトへの進化、あるいはヒト族の進化に関心をもつ科学者が、脳の大きさに特に注目するのは、ヒトが他の動物とは異なる特別な知性をもっていることを前提にし、そしてその知性は脳の大きさに反映しているに違いないという漠然とした直観をもっているからである。

　たとえば——今しがた述べたように——最初期の人類が類人猿から分岐したときには、その脳の大きさは現代人の3分の1程度であって、現在のチンパンジーと少しも変わらなかったことがわかる。実はヒト族の700万年の進化史の中で、大半の期間では、脳の大きさはチンパンジーと大差がない。ヒト族（ホミニン）の脳の大きさが、はっきりとチンパンジーよりも大きくなるのは、およそ250

万年前のホモ・エレクトスの段階で、このときの脳の大きさは、現代人のおよそ半分である。最も原始的な石器文化が現れるのも、おおむね同じ時期である。

　化石から確認されるこうした事実は、「人間は理性的だ」というアイデアに、ある衝撃を与えはする。直立二足歩行をしている最初のヒトは、チンパンジーに比べて、たいして理性的でも知的でもなかったのではないか、と。さらに、脳の大型化が進んだ時期と原始的な石器の出現期が対応しているという事実は、脳の大きさや知性、そして道具使用といったことの間に、何らかの相関関係があることを暗示している。

　とはいえ、脳の大きさの進化について、いくら詳細にわかったとしても、それ自体が〈人間とは何か？〉についての答えになるわけではない。付け加えておけば、やがて、骨から抽出されたDNAから、原初の人類の脳の内部構造についても、ある程度のことがわかってくるかもしれないが、それでも、「理性的云々」といったかつての命題が別の命題にとって代わられたり、棄却されたりするわけではない。

　どういう意味か？　まず、〈人間〉に関して、理性的である、知性を有する、といった最初の直観がある。脳の大きさや構造は、その理性や知性の存在を示す外的な指標である。しかし、それは、理性や知性の所有者に、まさにその理性・知性がどのように体験されていたかを直接に教えるものではない。言い換えれば、「理性」や「知性」を脳の大きさや構造へと対応させたからといって、「理性」や「知性」といった概念そのものが豊かなものになるわけではない。脳の大きさ等についての進化の痕が詳しくわかってくるならば、「理性的」等によって定義される〈人間〉の範囲（外延）に変更が加えら

れるかもしれないが[5]、その内包（概念）が書き換えられるわけではない[6]。

　それゆえ、結論を述べるならば、動物とヒトについての経験科学の知見は、きわめて有用だが、〈人間〉についての伝統的な哲学の理解を駆逐するものでも、それにとって代わるわけでもない。一方には、「象徴能力をもつ」とか「（生きながらにして）死を経験し、死を知る」とかといった、いかにも深淵そうで哲学的な〈人間〉の定義がある。他方には、初期の人類の頭蓋骨の容量やチンパンジーやマカクやその他の動物の生態についての着実で、いささか散文的な事実の発見がある。両者の乖離ははなはだしく、後者に属する知見の蓄積が、この乖離を埋めてくれるようには思えない。このような印象には、根拠があったのである。したがって、動物とヒトをめぐる経験科学の深化だけでは、〈人間〉の本質を規定しようとしてきた伝統的な試みが残す、先に述べたようなフラストレーションは解消されるわけではない。

5　たとえば、脳が小さかったサヘラントロプスやアウストラロピテクスは、まだ真の〈人間〉ではない、と言われたりするかもしれないが。
6　ここでは、経験科学の知見と伝統的な哲学の理解との間の関係を例示することだけが目的なので、詳しくは論じないが、脳の大きさと知性の（何らかの意味での）豊かさとの間の対応に、論理的な必然性があるわけでも、理論的な根拠があるわけでもない。2003年にインドネシアのフローレンス島で発見された、ホモ・フロレシエンシスの化石は、古人類学者に異様な衝撃を与えた。ホモ・フロレシエンシスは、およそ1.7万年前の人類である。700万年という時間を考えると、ごく最近の人類だということになる。だが、その脳の大きさは、400万年前のアウストラロピテクスとほぼ同じであった。しかし、遺物から判断して、彼らが複雑な石器文化をもち、非常に組織だった狩猟を行っていたことは確実である。簡単にいえば、ホモ・フロレシエンシスは、小さな脳しかもたないが、きわめて知的だったのである。逆に、ホモ・サピエンスと同じ大きさの脳をもっているが、ホモ・サピエンスほどには「知的ではなかった」とされているのが、ネアンデルタール人である。

4　サルの解剖の鍵としての人間の解剖

　それならば、どうすればよいのか。ここでのポイントは、「人間は語る」「人間は理性的だ」等といった哲学的な人間の定義が間違っているとか、動物とヒトについての経験科学的な知見がまだ不足しているということにあるわけではない。そうではなく、人間を動物との関係（差異）において規定する際の基本的な前提に、何か問題があるのだ。どう問題なのか。

　キルケゴールの二分法「存在／生成」を援用することで、この点を説明することができる[7]。一般に、人間と動物との相違を定式化するとき、人間は――そして動物も――存在 being として、つまりすでに構成されつくしたものとして捉えられている。しかし、われわれが考えるべきは、〈生成状態の人間 human in becoming〉である。動物から人間への生成状態において人間を理解しなくてはならない。

　だが、「生成状態において人間を捉える」とは、どのような意味であろうか？　かつては、神との対比において人間の位置を定めることが、最も重要な認識の課題だった、と述べた。このとき、神にとって人間は何かが問われる。この〈神／人間〉の関係におけるパースペクティヴが、〈人間／動物〉に転移される。このとき、人間にとって動物は何かが問われることになる。かつて、神にとっての人間が問われたのと同じように。しかし、生成状態における人間を捉えるということは、これを逆転させ、動物の立場から人間を捉え、把握することである。これは、もちろん、動物の認知能力の中で、ヒトという種がどのように見えるか、どのように現れるかということではない。人間への生成というコンテクストにおいて「動物の立

7　スラヴォイ・ジジェクの指摘による。Slovoj Žižek, *Less Than Nothing:Hegel and the Shadow of Dialectical Materialism*, London, New York:Verso, 2012, p.410.

場にとっての人間」を思考することである。どのような意味なのか、いささか説明を必要とするだろう。

　ここで補助線としての役割を果たすのが、マルクスが『経済学批判要綱』で述べている、有名な警句である。普通は、複雑なものを理解するためには、まずは単純なものを理解しなくてはならない、と考える。単純なものを理解することから始めて、少しずつ複雑化していくのが理解の常道だ、と。ところが、マルクスは逆に、こういうのであった。「人間の解剖はサルの解剖のための鍵である」と[8]。どうして一般とは逆になるのか。「動物の立場にとっての人間」とは、「人間の解剖がサルの解剖のための鍵」になるというコンテクストの中で、サルを見ることである。もう少し説明を続けよう。

　まず、マルクスが述べていることは、文字通りの事実だということ、つまり「サルの解剖」をしただけでは人間の理解の手がかりにはならず、むしろ逆だということを確認しておこう。このことをわれわれに証言してくれるのは、「チンパンジーの認知能力」の研究の第一人者、松沢哲郎である[9]。松沢は、1971年に京都大学の哲学科に進学した。「人間」に、とりわけ「見る」とか「分かる」といった人間の認知の作用に興味があったからである。しかし、哲学科の主流の研究方法、つまり原書の読解に、松沢は興味がもてなかった。「白い紙の上の黒いしみを一生読む」のは耐えがたい、と。そこで、松沢は、哲学科では傍流にあたる、実験心理学を選択した。とりわけ、大学院時代に松沢が興味をもったのは、「脳」であった[10]。しかし、ヒトの脳は手に入らない。サルの脳すら手に入らなかった。

8　Karl Marx, *Grundrisse der Kritik der politischen Ökonomie*, 1857-58.
9　松沢哲郎『想像するちから』岩波書店、2011、117-121頁．
10　左脳と右脳を分離する研究が流行していた時代である。

そこで、松沢はネズミ（ラット）の脳を研究したそうだ。指導教官から一対一の徹底した教育を受けたという。

その結果、どうだったのか。松沢は２年半の大学院の研究を総括して、こう記している。「ネズミの脳を研究すると、ネズミの脳のことがよくわかる」と。言い換えると、「ネズミの脳を研究しても、人間の脳のことはほとんどわからない」[11]。つまり、ネズミの解剖は人間の解剖の手がかりにはならないのだ。松沢哲郎が、進化の系統の中で、ヒトに最も近い現存種であるチンパンジーを研究の対象に選んだのは、このためである[12]。松沢哲郎の研究歴が、図らずも、マルクスが述べたことを裏付けているのだ。

それでは、あらためて問おう。人間の解剖がサルの解剖の鍵である、とはどういうことなのか？　一見、この言明は進化を目的論的な過程と見なす誤った理解に基づいているよう見える。進化は、「人間」を目的としており、その最終的な到達点の方から見ないと、途中の地点（サル）の意味は理解できない、といった具合に。しかし、マルクスのこの断片をこのように解釈してはならない。もともと、マルクスは、生物の進化について論じようとしているのではなく、人間の歴史の原理を説明するための隠喩として、人間とサルの解剖に言及している。まちがいなく、マルクスは、歴史を、自動的に結論に到達するような目的論的な過程とはとらえていなかった。したがって、この隠喩の意味するところも、目的論を前提にして解釈してはならない。

マルクスのこの言明は、むしろ、目的論を積極的に否定している

11　松沢、前掲書、121 頁.
12　念には念を入れて記しておくが、チンパンジーが進化してヒトになったというわけではない。チンパンジーとヒトとは、進化の祖先へと遡ると共通の種に到達する。いわば、両者はいとこ同士のようなものである。

のだ。このことは、マルクスの一世紀弱ほど後に、マルクスの歴史概念を彫琢しようと苦闘した、ヴァルター・ベンヤミンの『歴史哲学テーゼ』の助けを借りて解釈すると、明らかになる。ベンヤミンの読解がマルクスの読解の鍵である。次は、ベンヤミンのテーゼの中でも、とりわけよく知られた一節だ。

　歴史という構造物の場を形成するのは、均質な空虚な時間ではなくて、〈いま〉によってみたされた時間である。だからロベスピエールにとっては、古代ローマは、いまをはらんでいる過去であって、それをかれは、歴史の連続から叩きだしてみせたのだ。フランス革命はローマの自覚的な回帰だった[13]。

　ベンヤミンによれば、古代ローマの歴史的意味を理解するための鍵はフランス革命にある。ここでのポイントは、ある出来事の意味を理解するための鍵は、過去ではなく未来にある、という点である。どうしてだろうか。
　次のように考えてみるとよい。まったく予想されていなかったような、大きな――時に破局的な――出来事、たとえば革命とか、戦争とか、大きな事故といった、歴史の連続を断つような出来事が勃発したときのことを考えてみよ。そうした出来事の後に、過去を振り返ると、過去はまったく別の様相を帯びて見えてくる。出来事が起きる前には、そんなことは到底起きそうもないことのように思われていた。そうした出来事を可能なものとするような契機が、過去の中に孕まれていたことには、誰も気づいていなかった。しかし、

13　ヴァルター・ベンヤミン著／野村修訳「歴史哲学テーゼ」テーゼXIV『暴力批判論』晶文社、1969.

出来事が起きてしまえば、その出来事をもたらしうる可能性が、過去の中の至るところに存在していたことが明らかになる。かつては、想像さえされていなかったその出来事が、起きるべくして起きたのだ、ということにわれわれは気づくようになるのである。

 たとえば、1989年の末期に、東欧に連鎖反応的な革命が起きて、ロシア革命以来続いていた冷戦が、短期間のうちに終結してしまったときのことを思いだすとよい。89年の夏においてさえも、もうじき冷戦が終わると予想していた者はいなかっただろう。しかし、冷戦に終止符を打った革命が起きてしまえば、冷戦は終わるべくして終わったのだ、社会主義体制はもう風前の灯のような状態にあったのだ、と気づくことになる。

 歴史の滑らかな連続性を打ち破るような決定的な出来事が実際に起きたとき、その〈いま〉の出来事を準備するような可能性が、過去の時間の至るところに身をひそめていたことが遡及的に明らかになる。ベンヤミンは、「歴史という構造物の場」が、「〈いま〉によってみたされた時間」であると表現したのは、このためである。しかし、繰り返せば、過去の中にすでに、そうした〈いま〉が孕まれていたということは、革命のような決定的な出来事が起きた後でなくては認識されない。〈いま〉（の革命的な出来事を引き起こすことになる過去の可能性）は、成就しなかった願望とか、失敗した試みのような否定的なかたちで存在していたからである。

 別のところで、ベンヤミンは、歴史の構造を、写真の現像の譬えによってたくみに表現している。それによると、歴史とはテクストのようなもので、そのテクストは、写真板上のイメージと似たような形で存在している。写真板には、確かにイメージが保存されているはずだが、そのままではよく見えない。写真の細部がはっきりと

あらわれてくるようにするためには、強い現像液が必要だ。現像液を処理しうるのは「未来」のみである、とベンヤミンは論ずる。たとえば、フランス革命という現像液処理は、はるか古代ローマの時代に生まれたヨーロッパの夢を可視化し、それを実現した。つまり、古代ローマの内にすでにあり、長い間満たされなかった夢が、フランス革命によって、初めて成就した、と──少なくともロベスピエールには──感じられたのである。こうした状況を、ベンヤミンは、古代ローマのなかに孕まれていた〈いま〉が、歴史の連続の中から叩きだされた、と記述したのだ。

こうした歴史の概念は、目的論を強く拒否している。過去の意味を照らし出す出来事は、常に、歴史の連続性を侵す偶発的なこととして生ずるからである。しかし、その出来事が起きてしまった後の視点からは、その出来事に至る経緯は、必然の過程だったかのように見えてくる。次のように言ってもよいだろう。その出来事が歴史の連続性を侵しているということは、それが、「本来だったらありえなかった可能性」を現実化しているということである。この意味で、その出来事は、それまでの因果の流れを断つ、決定的な自由な行為の結果として生ずる（──少なくとも、あたかもそのようにたち現れる）。

さて、マルクスの「人間の解剖がサルの解剖の鍵である」という警句に戻ろう。この警句も、同じような線にそって理解すべきではないか。人間の出現が、「フランス革命」や「東欧社会主義国の民主化」のような、偶発的で断絶的な出来事に対応している。人間が出現した事後の視点から遡及的に振り返ったときに初めて、動物（サル）の中に孕まれていた可能性が可視化される。これが、動物の立場から人間を捉えるということの意味である。

ことがらの意味を解き明かすために、もう一度、人間の歴史の中から比喩を借りよう。ここに述べてきたような歴史理解に最もふさわしい実例は、ユダヤ教とキリスト教の関係である。一方で、ユダヤ教なくしてキリストの到来はありえなかった。しかし、他方で、キリストはユダヤ教からの断絶を画してもいる。キリストの到来という観点からユダヤ教を見たとき、ユダヤ教のほんとうの意味が見えてくる。キリスト教はユダヤ教理解の鍵である。その鍵を用いてユダヤ教を見直したとき、われわれは、そこに、〈生成状態のキリスト（教）〉を見出すことだろう。

　同じように、われわれは、〈生成状態の人間〉を、動物を媒介にして浮上させることができるはずだ。われわれの狙い、「動物的／人間的」と題するわれわれの探究の狙いは、ここにある。

5　ハイデガーのトカゲ

　こうしたコンテクストで、ハイデガーの有名な、しかし、考えようによっては問題の多い、動物に関するテーゼを解釈し直すことができる。ハイデガーは、1929年から1930年にかけての冬学期に、『形而上学の根本諸概念』と題する講義を行っている[14]。ハイデガーは、この講義を非常に重視していた。講義の後半、第二部にあたる部分で、彼は、無生物的な事物、動物、人間（現存在）の三者の区別・関連について論じている。そこで、原点となるイメージは、トカゲが石の上で日光浴をしている、という状況である。トカゲには、石や太陽がどのように体験されているだろうか。

14　Martin Heidegger, *Die Grundbegriffe der Metaphysik: Welt-Endlichkeit-Einsamkeit*, マルティン・ハイデガー『形而上学の根本諸概念―世界‐有限性‐孤独』（ハイデガー全集　第29/30巻、川原栄峰、セヴェリン・ミュラー訳、創文社、1998）．

こうしたことを考えながら、結局、「事物／動物／人間」の区別を、ハイデガーは、以下の三つの命題に要約する。
　① 石は無世界的である。
　② 動物は世界貧乏（ひんぼう）的である[15]。
　③ 人間は世界形成的である。
　石のような無生物は、世界をもたない、とされる。これは容易に理解できる。「石にとっての世界」ということを考えるのは、ナンセンスであろう。石に対しては、端的に、世界はない。逆の極は、人間である。人間は世界を作る。これも理解できないことではなかろう。人間は、皆、周囲のものを意味づけ、それぞれ固有の世界をもっている。人間はそれぞれ、自分なりの世界を形成している、と見なすことができる。
　しかし、問題は、両者の中間にあたる②の命題である。トカゲのような動物は、世界に関して「貧しい」というのである。「貧しい」とはどういうことなのか。トカゲは、石とは違う。どう違うのかと言えば、トカゲは、自分の周囲にある石や日光に対して自ら関係しているのだ。石自身にとっては、トカゲとか、他の石とか、太陽などに対する関係は存在しない。もちろん、外部から石を見ている者には、石と他の事物との区別や布置といった関係が存在しているが、石自身にとっては、いかなる関係もないに等しい。しかし、石とトカゲを同列に扱うことはできない。トカゲは、自分がその上にいる石や自分に光をふりそそいでいる太陽を体験し、それらに対して関係している。だから、トカゲにとっての世界があると言わねばならない。それが、ハイデガーにとっては、「生きている」ということ

15　読み方に注意。「貧乏」は、「びんぼう」ではなく「ひんぼう」と読む。

の定義的な条件である。だが、問題になるのは、トカゲにとっての世界は、「貧しい」とされていることである。トカゲは世界と関係しているのだが、しかし、その関係は「わずかである」とされているのだ。この「わずか」という点において、トカゲの世界への関係は、人間の世界に対する関係とは異なっている、というのがハイデガーの主張である。

　動物についてのハイデガーのこのような理解を、嘲笑し、批判することはたやすいことのように思える。トカゲの世界が「貧しい」「わずかである」と言えるのは、暗黙のうちに、人間を基準としているからである。人間の世界は豊かだ。それに比べると、トカゲの世界はおそまつだ、というわけである。「万物の尺度としての人間」というプロタゴラス的な前提がここにはあるように思える。しかし、トカゲからすると、これは「要らぬお節介」ということではないだろうか。トカゲ自身にとっては、自分の世界は貧しくもなければ、豊かでもない。勝手に「お前の世界は貧しい」「お前の世界はまだ欠乏している」と言われても、トカゲからすると迷惑以外のなにものでもない。要するに、②は、動物に固有の、動物に即した定義になっていないように思えるのだ。実は、ハイデガー自身が、自分の定義がこのような批判を受けうるということを、十分に自覚していた。にもかかわらず、ハイデガーは②の命題にあえて固執している。

　ということは、この命題には、別の含みがあるということである。ハイデガーは、最終的には、②を補強するものとして、もっと大胆な仮説を提起する。彼は、集中砲火的な批判を受けるだろうということを承知の上で、ロマンチックで、なんとも無防備な、次のごときアイデアを出してくるのだ。動物は、自分自身の世界が貧しいこと、自分の世界がまだ「不足」していることを自ら知っており、動

物・生物の全体には、その貧しさに対する痛みが浸透している、と。ハイデガーは、このような趣旨のことを述べている。ハイデガーよりも1世紀以上も前の、ドイツ観念論の自然哲学の中でならば、未だ言われそうなことである。しかし、20世紀以降のまじめな自然科学者はもう「ついて行けない」という気分になるだろう。

　しかし、ハイデガーが動物に関して述べようとしていたことは、今、われわれが論じていることと同じこと、あるいは少なくとも、われわれがここに述べてきたことに通ずることであったとしたら、どうだろうか。つまり「サルの解剖の鍵としての人間の解剖」という視点から、ハイデガーの言わんとしていたことは解釈できるのではないだろうか。われわれは、動物／人間の関係を論ずるための基本的な構えを、ベンヤミンの歴史哲学を媒介にして導き出してきた。しかし、そのような媒介を経ずに、ハイデガーは、いきなり同じ構えを事物と動物と人間に適用していたのではないか。逆に言えば、ハイデガーの命題が前時代的な思弁、非科学的でロマンチックな修辞にしか聞こえないのは、これを理解するために必要な補助線を欠いていたからではないか。ここまでのわれわれの考察のコンテクストの中に置きなおせば、ハイデガーの主張のもつ合理的な核が見えてくる。

　たとえば、古代ローマの人々が、ずっと後にくるフランス革命のことを予知し、「早くその革命が来ないものだろうか」と待望していた、と見なせば、それは明らかに間違った歴史観である。あるいは、紀元前の古代ユダヤ人や異教徒たちが、イエス・キリストについての明確なヴィジョンをもっていて、その到来を今か今かと待っていたと解すれば、それもまた誤りであろう。だが、フランス革命が起きてしまえば、古代ローマに──フランス革命において初めて

実現したものに対する――何らかの渇望がすでにあったのがわかる。あるいは、キリストの磔刑の後から見れば、実は、その前からずっと――キリストの到来によってしか解決できないような――憂鬱さや痛みが人々に広く深く共有されていたことがわかる。ここで死活的に重要なことは、こうした渇望、憂鬱、痛みなどは、出来事が起きてしまった後から見える「錯覚」の産物ではなく、確かに、そこに、その過去に実在していたと見なすほかない、ということである。それらは、事後的に発見されてはいるが、たしかに初めからあったのである。

　同じ見方を動物／人間の関係に適用すれば、どうなるかを考えてみるとよい。その結果をいささか素朴に、単純に表現すれば、次のようになるだろう。すなわち、動物には、人間において実現するものが自らには欠けていることに対する痛みがある、といったまさにハイデガー流の結論が導かれることだろう。

　ここで、次の点に注意しなくてはならない。「動物の世界は貧しい」と述べるとき、人間においてゴールに到達する進歩の筋道の中で、動物を劣った、下等な段階として位置づけているわけではない。フランス革命において、古代ローマの満たされなかった希望が初めて実現したと言うとき、古代ローマを下等なフランス革命と見なしているわけではないのと同様に、である。むしろ逆であろう。

　ポイントになっているのは、古代ローマの中に存在論的に開かれたものがあるということ、つまり「これで十分」と言えるような自己完結性を古代ローマがもたなかったということ、したがって古代ローマに実現されたものを超える潜在的な可能性があったことを認識することである。同じように、われわれとしては、動物を、（いわば未来の他なる可能性に）開かれたものとして認識できるのではな

いだろうか。それが、動物の立場から〈動物／人間〉の区別を見ることであり、また〈生成状態の人間〉を捉えることでもある。

6　問いの構造

　探究を駆動する問いの構造を、さらに明確にしておこう。

　人間を動物との異同によって定義しようとする試みは、一般に、同じ形式を共有している。一方で、人間自体が、動物として規定される。つまり「ヒト」として。他方で、人間には、他の動物にはない性質や能力が帰せられる。それが、固有の意味での「人間」の層を形成する。このようにして、〈人間〉は二重化される。

　ここは未だ、一つずつの説明や理論を批判したり、検討したりする段階ではないので、人間と動物との関係を主題化してきた諸議論の構成を概括的に述べておこう。ヒトを含む動物の行動や成長は、状況や先行的な与件といった、外的・内的な条件に規定されていると解される。たとえば、動物にある行動の傾向性や形質が発達した原因が、進化の方向を決定する繁殖成功度によって説明されたりしてきた。こうした形質や行動は、しばしば生得的に決まっており、つまり遺伝子の中にプログラムされており、世代を通じて継承されるので、そうした部分に関しては、「本能」といった概念が割り当てられる。

　これに対して、「人間」には、動物の行動を規定していた外的・内的な条件からの相対的な自由度を保証するような能力が見出される。どのような能力を重視するかは、学者や、理論的な立場によってさまざまである。しかし、明確な傾向はある。特に重視されてきた能力は、表象する能力、想像力、あるいは言語を中心とする象徴を用いる能力である。これらは、すべて、象徴や表象を活用して、

直接的には現象を超えたところに現実を認識する能力である。むろん、こうした能力も、本能や遺伝子からの制約を受ける。たとえば、脳の中に、こうした能力を保証する部位をもたなければならない。チョムスキーの影響を受けた言語学者や心理学者は、人間には生得的な言語能力があって、文法の基本部分は（人類にとって）普遍的であるとまで主張してきた。が、しかし、いずれにせよ、何を表象するか、何を語るかは、まったく個々の人間にとって自由である。

　こうした二重性、つまり「動物（ヒト）／人間」の二重性は、ただちに、次のことを気づかせてくれる。「人間」に帰せられてきた能力は、かつて「神」に帰せられていた力の縮小版である、と。無論、人間は、神とは違って、全知でも全能でもない。しかし、現象する存在の秩序の外部に、異なる存在を自在に見出す人間の能力は、経験的な現象の内に制約されている動物と対照させれば、超越的で神的である。

　先に次のように述べた。〈人間とは何か？〉は、かつてはまずは神との関係で問われたが、この問いの権威の降下とともに、〈人間〉の同一性(アイデンティティ)は、主として動物との対比の中に探られるようになった、と。しかし、〈神／人間〉の関係という古典的な主題は、〈人間／動物〉〈人間／ヒト〉の関係にそのまま転移され、継承されているのである。それゆえ、〈人間／動物〉の問いは古典的な主題の近代的な反復であり、その論理の原型は、動物や生物についての最新の自然科学的な知見よりも前からある。人間の有限性、とりわけ認識における有限性と、神にも類比させうる人間の超越性——普遍的なものや超越的なものにまで触れることが可能な人間の能力——との関係についての哲学的な探究は、〈人間／動物〉をめぐる探究の論理の基本的な形式を先取りし、整えているのだ。

たとえば、こうした探究の最も徹底したケースとして、われわれは、カントを知っている。一方で、カントは、人間の認識の限界、有限性を深く自覚している。人が知ることができるのは、経験の限界の内側にあること、すなわち感性的な直観に対して与えられる現象に限られていて、人は、永遠に「物自体」に到達することはできない。カントの哲学の出発点はここにある。しかし、他方で、カントによれば、人間は、直接の経験を超えた、いくつもの「物自体」を考えざるをえない——あるいは考えることができなくてはならない。それらは、感性的な直観を超えた直観（非感性的な直観）の対象となるような「叡智的なもの」「超越論的仮象」である。具体的には、それらは、「宇宙」「魂」「神」といった概念である。それらのおかげで、認識の真理性や倫理の普遍的妥当性が担保される。

　もちろん、カントは、今日のわれわれが知っているような、生物や動物についての知識をまったく持っていない。進化論がダーウィンによって提起されたのは、カントが没してから半世紀以上も後である。にもかかわらず、今ここにごく簡単に紹介したような、カントの哲学がかかえる二重性は、動物性／人間性についての主題を先取りしており、これを突き詰めて考えぬいている。

　さて、すると、理論上の困難がどこにあるのかが、明確になる。動物的な生の有限性を前提にしたとき、どこから、いかにし、神的とも形容しうる人間の能力が生まれるのか？　感性的な直観によって捉えられる現象に人間の認識は限界づけられているのだとすれば、認識の普遍妥当性を保証するような叡智的なものは、どのようにして与えられるのか？　こうした論理の構成の中では、それらは、いわば、外から根拠もなく与えられる、と考えるほかない。「神」は初めから、何にも媒介されることなく存在しており、有限な動物と

してのヒトのもとに外から到来するのである。こうした説明は、しかし、ある種の宗教的な信仰を前提にしたときにしか許されない。

これに代わる、唯物論的に許容されうる唯一の選択肢は、「神」に対応する水準が、動物的な有限性を前提にして、まさに〈無〉から創造された、とする説明である。この段階では、まったく文学的な修辞に聞こえるかもしれないが、次のように言うほかない。「神」(に対応する「人間」の水準)へと転換すべき因子は、〈無〉という否定的な形式で、動物性の水準に存在している、と。動物と人間の関係をめぐるわれわれの考察は、この理論的な方針に実質的な内容を与えることを目指している。

＊

本章の最後に、カントの倫理学の限界を示す象徴的な場面を紹介しておこう。この限界は、動物と人間の異同についての従来の理論の限界をも映し出すものだからだ。

カントは「法論」の中で、次のような状況では殺人も許される、と論じている。船が難破して、あなたが、他の人たちと一緒に大海に投げ出されてしまったとする。このとき、あなたたち生存者の回りには、浮きとなるような断片はひとつしかない。しかも、その浮きは、たった一人しか支えられず、二人以上の者がそれに乗ったら、たちまち沈んでしまう。このとき、あなたが他の生存者を殺して、その「筏」を奪い取り、独占したとしても、あなたは道徳的になんら責められない、とカントは論ずる[16]。

カントの道徳法則の非情な厳格性を知る者は、カントのこの説明には、驚かざるをえない。徹底した普遍性を標榜していたカントの

---

16 カント著／加藤新平・三島淑平訳「人倫の形而上学(法論)」『世界の名著32』中央公論社、1972.

道徳法則にも、その効力が及ばない例外状態があったのである[17]。この例外状態、この難破の例は、カントの倫理学の真実をわれわれに教えてくれる。

　カントの倫理学は功利主義を徹底して拒否しているとされている。しかし、その倫理学の前提には、やはり、人間が、「動物」的に生存をもとめる、功利主義的なエゴイストであるとするイメージがあるのだ。その「動物」的なエゴイズムを克服する超越的な契機は、内在的には存在しないために、つまりそれは外からの（何らかのメカニズムに基づく）強制を通じて与えられるほかないものなので、この難破のケースのような極限の状況においては、機能しない。カントの倫理学のこのような限界は、動物と人間の関係についての従来の議論の限界を、倫理学の領域に射影させて、表現している。

　同時に、この例は、超越的な契機の存立機制に関して、啓発的な暗示を含んでいる。この例において、道徳法則が停止してしまうのは、たった一人しか乗ることができない筏が、生存可能な世界のすべてであると想定されているからである[18]。ここからわれわれが受け取るべき教訓は、動物性から人間性への生成状態の中で出現する

17　常識的な人であれば、この難破状況での殺人は正当防衛の一種として許されると論じても、誰もそれを奇妙だとは思うまい。しかし、カントがそう考えた場合には、話が違ってくる。カントは、常識的な功利主義的理由によって、道徳法則を破ることを、断じて許さないからである。有名なのは、次のような事例である。「他人に嘘をついてはいけない」という規範は、カントの基準で、定言法（絶対にどんなときでも守らなくてはならない命令）の一種である。たとえば、あなたが友人をかくまっていて、その友人を殺そうとする凶悪犯が、あなたにその友人の居場所を問うとする。カントによれば、こんなときでも、あなたは嘘をついてはならない。嘘をつけば、友人の命が救われるという大きな利得があるにもかかわらず、である。これほどの杓子定規の厳格性をもったカントでも、難破したときの殺人は許される、とするのだ。これは驚かざるをえない。
18　この筏の例は、普通の人は一生体験することがないような特殊状況を表現していると思われるかもしれない。しかし、この筏が、われわれにとって、きわめてアクチュアルな状況の寓話的な表現にもなりうるとしたらどうであろうか。考えてみよ。たとえば、もし70億人規模の人が何世代もその上で生き延びるには、地球が小さすぎる宇宙の筏であるとしたら、どうであろうか。われわれは、すでに、そんな筏の上に乗っているのだとしたら。

超越的な契機は、動物や人間の社会性と深く結びついているのではないか、という示唆である。

第2章 原的な否定性

1　原的な否定性

　われわれはここで、〈人間とは何か〉を考察する。〈動物〉との関係における〈人間〉が、われわれの主題である。それは、前章で述べたような問題設定の中で、〈生成する人間〉を捉えることを意味している。

　考察を深化させるためには、しかし、焦点が必要である。まさに、そこを目標として探究することよって、人間の人間たる所以が解明されてくるに違いない、と想定される焦点が、である。ここで、手がかりを与えてくれるのが、文化人類学のクロード・レヴィ゠ストロースだ。レヴィ゠ストロースは、動物（自然）と人間（文化）の両方に足をかけている契機に、前者から後者への移行の決定的な徴表を見ているからである。その契機とは、近親相姦の禁止である。レヴィ゠ストロースの考えでは、近親相姦の禁止は、自然と文化のどちらの性格をも有し、両者を分割する「蝶番」なのである。彼は次のように論じている。

　　近親相姦の禁止は、純粋に文化的な起原によるものでもなければ、純粋に自然的起原によるものでもない。ましてそれは、一部分は自然から借り、一部分は文化から借りて混成された諸要素の調合物ではない。それは、基礎的な手続、そのおかげで、それによって、またとりわけそこにおいて、自然から文化への移行が遂行される基礎的な手続なのである。ある意味ではそれは自然に属する。なぜなら、それは文化の一般的な条件であり、それゆえに、それがそれの形態的特徴、すなわち普遍性を、自然からとってきていることをみてもおどろいてはならない。しかしある意味ではまた、それは、なによりもそれに依存しない現象の内部に、それ

の規則を作用させ、守らせることによって、すでに文化である[1]。

　このように自信満々に断定するとき、レヴィ゠ストロースは、動物の集団においては、完全な乱交がなされており、親子を含む近親の間の性交もまったく他の組み合わせと無差別に見られるはずだ、という認識をもっている。しかし、今日の知見からすると、この認識は間違っている。人間以外のいくつかの種の行動には、インセスト（近親相姦）を回避する傾向性があることが発見されたからだ。チンパンジーも、ボノボも、ゴリラもインセストを回避する。ヒトとの距離がもっとずっと大きいマカク——ニホンザルやアカゲザルやカニクイザル——の集団にも、インセストを回避する行動が見られる。それどころか、ライオンでさえも、インセストを回避するという。とすると、近親相姦の禁止に動物と人間とを分かつ境界線を見出したレヴィ゠ストロースは、誤りとして斥けられなくてはならないのか。

　そうではない。もともと、レヴィ゠ストロースは、動物についての事例を広く調査したわけでもないし、また深く考察しようとしたわけでもない。にもかかわらず、近親相姦の禁止が、レヴィ゠ストロースの眼に、文化（人間的条件）の普遍的な基礎であるかのように見えていた。その理由が重要である。そして、この点を考慮に入れると、一部の動物種にインセストを回避する行動傾向があるという事実は、レヴィ゠ストロースの洞察を否定するどころか、むしろ、それを補強してさえいることがわかる。

1　Claude Lévi-Strauss, *Les structures élémentaires de la paranté*, P.U.F.,1949; rev. ed., Mouton, 1967（レヴィ゠ストロース著／馬渕東一他監訳『親族の基本構造』上・下、番町書店、1977-78, 89-90 頁）.

レヴィ=ストロースが示した直観は、〈原的な否定性〉だけが「文化」を構成しうる、ということである。ここで〈原的な否定性〉と呼んだのは、それ以上もはや根拠を要しない否定、あるいは根拠を与えることができない否定、つまりは始発的な禁止のことである。なぜ否定（禁止）されるのか問われても、当事者たちには理由や根拠をあげることができない否定（禁止）が、ここでいう原的な否定性である。近親相姦の禁止は、通常、このような原的な否定性として立ち現れる。つまり、なぜいけないのか分からないがともかくいけないこと、その理由を説明しようとしてもトートロジー（いけないからいけない）にしかならないような命令として、近親相姦の禁止は現れているのである。禁止されていることが、ある種の範囲の近親者との性交や結婚であるということは、この際、重要なことではない。具体的な内容はともかく、それが、何らかの無根拠な否定として現れるということが重要である。
　原的な否定性がどうして重要なのかを説明する前に、人間の近親相姦の禁止はまさに禁止の一種であるが、いくつかの動物種に見られる、インセストの回避行動が、原的な否定性ではないということ、つまり（始発的な）禁止ではないということを確認しておきたい。行動にある傾向性や規則性があるからといって、それ以外の行動が禁止によって否定されているとは限らない。
　人間の場合には、近親相姦は、単に回避されているのではなく、積極的に禁止されている。そのことは、二つの事実から明らかになる。第一に、違背した場合に、制裁が加えられる。つまり、近親相姦は、「そうすべきではないもの」として意味づけられている。第二に、人間社会では、ときに血縁度とは無関係に、特定の婚姻が恣意的に命令されたり、禁止されたりしている。たとえば、レヴィ=

ストロースが特に注目したのは、多くの社会で、平行イトコとの結婚は近親相姦と見なされて禁止されており、逆に交叉イトコとの結婚が選好されているという事実である[2]。血縁度、つまり血縁の遠さ／近さに関して言えば、平行イトコも交叉イトコもまったく同じである。「近親」との結婚からくる遺伝的な不都合を回避するという論理では、平行イトコ婚が否定され、逆に交叉イトコ婚が望まれる理由を説明できない。いくつもの人間社会では、平行イトコとの結婚も可能なはずなのに、なぜか「禁止」されているのである。動物のインセストの回避行動には、これら二点のどちらも認められない。

　たとえば、ジャイアントパンダは、ササ、タケ、タケノコを主として食べ、ほかの植物はあまり食べない。まして肉食はほとんどしない。しかし、だからと言って、ジャイアントパンダに対して、ササ、タケ、タケノコ以外の物を食べることが禁止されているわけではない。ただ、ジャイアントパンダは、それらの物を食べない（生得的な）傾向性をもっているのだ。いくつかの動物種に見られる、インセストの回避行動に関しても同じことが言える。

　近親相姦の禁止だけではなく、たとえば食性に関しても、人間社会では、禁止、とりわけ原的な否定性と見なしうる、理由があげられない禁止がある。たとえばトーテミズムを有する社会では、自分のトーテムとされている動物や植物を食べることはしばしば許されない。あるいは、イスラム教徒は豚肉を食べない。これらの社会の人々の身体が、トーテム動植物や豚肉を食べない（生得的な）傾向

---

[2] 平行イトコとは、母の姉妹の子、父の兄弟の子である。それに対して、交叉イトコとは、母の兄弟の子、父の姉妹の子であり、基準となっているオジやオバの性別が、親とは異なっているケースである。

性を有するわけではない。これらの食物は禁止、しかもわけがわかないままに禁止されているのである。

＊

さて、原的な否定性が導入されたとき、自然からの文化への超越が果たされる。なぜか？　原的な否定性のもとで、はじめて固有の意味での〈選択〉ということが、したがって〈責任（の帰属）〉ということが可能になるからである。そして、選択——語の最も限定された意味における選択——の〈主体〉と見なしうるところに、自然生態系の自余の諸事物に対する人間の超越性の根拠があるからである。

選択と見なされるのは、他なる行動が十分に可能であるとの自覚があるのに、それがあえて否定され、特定の行動が生起しているときである。平行イトコとの結婚も可能なのに、交叉イトコとの結婚が適切なものとして選ばれるといった具合に、である。選択を構成する条件は二つある。第一に、他なる行動も可能であるということが、当事者自身の意識の中で留保されていること。他なる可能性を排除する、外的な根拠や原因がなければないほど、選択としての性格は強くなる。第二に、特定の行動が、適切なもの、妥当なものといった規範性を帯びて現実化していること。特定の行動が偶発的に生起しているわけではない。この二条件を同時に確保するのが、原的な否定性（無根拠な原初的禁止）である。

自動販売機に硬貨を入れるとボトルが出てくる。このとき、自販機は、ボトルを出すことを選択したわけではない。自販機にとって、他なる反応は不可能だからである。動物の行動の大半は、選択として解釈することはできない。たとえば、親鳥が雛鳥のために餌を運んでくるのを見て、われわれは、ほほえましいと思ったり、親鳥の

「愛情」に感心したりするが、親鳥の身体に、巣の中で大声を発して赤い口を開いているものに給餌する性向が組み込まれているだけである。極論すれば、これは、硬貨の投入に対して、ボトルを出力する自販機と本質的には変わらない。

しかし、動物——あるいは生物——の行動にまったく選択としての性格がない、というわけでもないだろう。どの段階で、どの程度の水準の選択性が出現するのか？　これは、以降の考察の中で次第に明らかにすべき課題である。とりあえず、ここで確保すべき論点は、人間においては、選択する主体が、十全なかたちで実現しているということ、それを可能なものにしている契機は、原的な否定性であるということ、これら二点である。〈人間とは何か？〉を明らかにすることは、原的な否定性がいかにして可能になったのかを問うことである。

レヴィ＝ストロースは、近親相姦の禁止に原的な否定性の純粋な形態を見出した。これは、優れた着眼である。動物の「近親相姦の回避」と人間の「近親相姦の禁止」とは、行動の外形からすれば、よく似ている。しかし、前者には、ここで述べたような意味での選択性は宿っていない——少なくともきわめて希薄である。しかし、後者には、選択としての性格が孕まれる。同じ外観をもった行動の中で、一つの飛躍が生じているのだ。ここに、動物と人間を分かちかつ繋げる蝶番を見出すのは、きわめて適切な判断である。しかし、繰り返せば、重要なのは、禁止されている内容（近親相姦）ではない。禁止の形式である。

2　最初の人間に対する神の警告

原的な否定性ということの範型とも言うべきものは、旧約聖書に

記された、アダムとイヴへの神の警告である。あの木になっているリンゴを食べてはならない、という神の命令は、原的な否定性を構成する。それには、何の理由もない。理由はあってはならないのである。この神の命令のもとで、リンゴを食べたり、食べなかったりすることが、妥当なこと（あるいは誤ったこと）の選択としての性格を持ち始めるのだ。そして、誰がその選択を行ったのか——誰が過ちを犯したのか——、と問うことが意味をもち始めるのである。

　原的な否定性は、まさにその否定性＝禁止が純粋に原的であるということのゆえに、そのもとで可能になる選択が帰せられる主体との間に、奇妙な両義的関係をもたざるをえなくなる。この点に注目しておいてよいだろう。原的な否定性は、ある意味では、過ちを犯すことになる当の人物が自分自身に課した命令、つまりそれ自身、その人物に帰せられる原初的な選択である。「この木の実を食べないことにしよう」、「母や姉妹との姦淫を禁じよう」と自ら自身に対して、あらかじめ命令してあるがゆえに、それに対する過ちも犯しうるのだ。もし、原的な否定性が、他者に帰せられる選択であるならば、——つまり誰かが勝手に「この木の実を食べないことにしよう」と決めていたとするならば——、その規定に合致する行動を選択しようが、それに反する行動をしようが、——つまりその木の実を食べようが、食べまいが——、それは自分自身にとっては正しくもなければ、過ちでもありえない。

　しかし、他方で、否定が原的であるということは、自分自身の視点から眺めた場合には、その否定に従わざるをえない何らかの過去の事実や、何らかの利得が、まったく見出せないということである。つまり、原的な否定性は、さしあたっては、自分自身にとっては疎遠な、自分自身の内側に根拠を見出しえない選択として現れざるを

えない。したがって、この見地からすれば、それは、最初は、他者による選択、他者に課せられた選択として定位されざるをえないのだ。こうして、原的な否定性は、自己に帰せられると同時に、他者に帰せられるという二重性を帯びてしまう。それが自分自身の選択を規定するものなのに、他者からの——たとえば神からの——命令という形式をとるのはこのためである。

　ともあれ、原的な否定性という（自己にとって）疎遠な＝他者的な選択なしには、自己に全面的にその選択性を帰属させうる「自己の責任」ということが——したがって「自己の自由」ということが——、十全には構成されない、ということに注目すべきである。端緒に原的な（純粋な）否定性が与えられていない場合を、つまり、最初から、行為を引き起こす言わば肯定的な条件のみが与えられている場合を考えてみると、このことは理解される。たとえば、リンゴを食べてはならないのは、そのリンゴの組成が身体に毒だからだ、と言われたとしよう。これは、表面的には禁止＝否定（「食べてはならない」）として現れているが、それを支えている構造は、単純な肯定的因果関係、つまり事実の確認である（「しかじかの組成を持つものを食べた者は、かくかくの被害を被る」）。このような条件のもとで、仮にリンゴを食べなかったとしても、それは、事実関係から当然に予想される性向が発現しているに過ぎない。あるいはリンゴを食べる者があったとしても、このことは、その事実関係が予想する性向の程度の弱さ（予想される確率の低さ）を示すものであり、それ自身、もう一つの肯定的関係（事実確認）としてとらえられる。このように、最初の条件を、否定から肯定へと置き換えた場合に、行動の「選択性」が大幅に減殺されてしまうのである。

　「A／B」の二項対立の中で、まさにAが選択され、Bが拒否さ

れたと言えるのは、先にも述べたように、Bも十分に可能なときである。Bが回避される理由や原因があるのであれば、Aが取られたとしても、当然の傾向性が発現しただけであって、主体があえてAを選択した、と解釈することはできない。ジャイアントパンダがササやタケ、タケノコ以外の多くの植物・動物を食べないのは、それらが彼らにとって毒だからだ。この場合には、先にも述べたように、「選択」という解釈は不適切である。繰り返せば、否定（禁止）が肯定（事実的な因果関係の確認）に置き換えられれば、「選択」は消滅してしまうのである。

　だが、スピノザは、このような置き換えが必要だと論じている。つまり、スピノザにとっては、原的な否定性よりも、肯定性の方が、さらに原的なのだ。このスピノザの論点にドゥルーズが注目している。

　たとえば、神はアダムに、その木の実は彼の身体にとっては身体の構成関係を破壊する作用を及ぼすだろうから、おまえには毒となろうと啓示したのだが、それを理解するだけの知性をもたなかったアダムには、結果は報い〔神の処罰〕であり、原因は道徳的な法、いいかえればなにかをさせる、あるいはさせないようにするための命令や禁止にもとづく目的因であると解されてしまう。アダムは神が彼に徴憑〔…せよという合図〕を与えたと思いこんだのだ。……こうした道徳的な法というかたちでの法則のとらえ方が、原因や永遠的真理（各個の構成的関係の形成・解体の秩序）に対する真の理解を歪めてしまうのだ。法あるいは法則ということばそのものが、そもそもの道徳的な起原からすでにそこなわれてさえおり、力能の展開の規則ではなしにその制約としてとらえ

られているほどだ。……そして、まさしく神学の最も重大なあやまちは、服従することと認識することのあいだの本性上の相違を無視し、おおい隠して、服従の原理があたかも認識のモデルであるかのように私たちに思わせてきたところにある[3]。

　スピノザは、リンゴを食べてはいけない理由——因果関係に基づく理由——があったのに、アダムがそれを理解するだけの知性がなかったので、根拠のない禁止のように現れたのだ、という見解をとっている。われわれの立場は、これとは逆である。アダムがいかに知的であったとしても、彼は、なお基礎づけられない禁止にぶち当たったのではないか、と。この点を踏まえたうえで、あえて、スピノザの見解を取り入れるとするならば、われわれとしては、スピノザ自身が示唆している探究の方向とは逆を向いた次のような問いを、立てなくてはならないだろう。単純な肯定性（「原因や永遠的真理」）が、なぜ、否定性（「道徳的な法」）として受け取られたのか、と。もし肯定性が通常、否定性として理解されてきたのだとするならば、肯定性を否定性として見せる、逆転の機制が不断に働いていると考えられよう。この機制を、アダムに投影した場合には、「アダムの知性の低さ」と見なされるわけだ（最初に「知性の低さ」を誤って選択してしまったアダムへと責任転嫁する説明が、実は、またしても、原的な否定性＝選択性を前提にしてしまっている）。われわれは、この逆転の機制を問わなくてはなるまい。

3　Gille Deleuse, *Spinoza, philosophie pratique*, Edition de Minuit, 1981（ジル・ドゥルーズ著／鈴木雅大訳『スピノザ―実践の哲学』平凡社、1994、163-164頁）．

3　チンパンジーの言語習得？

　前章で述べたように、〈人間〉の本質を、言語に代表される象徴を活用する能力に見出す学者は多い。実は、言語もまた原的な否定性によって支えられているのだ。言語を可能なものとする（必要）条件は、原的な否定性である。この点を説明するためには、いくぶんか迂回路を通らなくてはならない。

　チンパンジーやボノボのような、ヒトに最も近い類人猿に「言語」を習得させる実験は、これまでに、何度も繰り返されてきた。チンパンジーやボノボは、原初的な言語を使うことができるのか？　適切に教育すれば、彼らも、言語を習得できるのか？　実験を駆り立てているのは、このような疑問である。最初は、チンパンジーに普通の音声言語を習得させようとしたが、これは、ごく初歩的な理由によって挫折した。チンパンジーには、人間のような構音器官がないので、音声言語を発することができないのだ。しかし、言語にとって、音声であるかどうかは本質的なことではない。たとえば、手話もまた完璧な言語である。そこで、チンパンジーやボノボに、まずは、手話（動作）で、ついで図形を用いて、言語を教える実験が行われた。ついに、言語を習得している・・・・・・・・かのようにふるまうチンパンジーやボノボも出てきた。彼らも、たくみに訓練してやれば、初歩的な言語を使えるようになるのか？

　松沢哲郎もまた、チンパンジーのアイに図形文字を習得させた[4]。アイは、松沢哲郎の実験パートナーで、いくつもの画期的な実験に成功してきたため、霊長類研究の世界では「超有名人」である。松沢は、アイに、色の名前を学習させた。色を見て、図形文字を選ぶ

4　松沢哲郎『想像するちから』第7章、岩波書店、2011.

訓練をしたのだ。図形文字は、四角形、円、ひし形、黒く塗りつぶした円、黒く塗りつぶしたひし形、斜め線、横線、縦の波線、横の波線といった九つの要素図形の組み合わせからできており、抽象的な幾何学図形である。たとえば、「赤」を意味する図形文字は、ひし形の上部に横線を引いたものだ。つまり、図形文字は、それによって意味される色とは何らの有縁性もない（図）。この図形文字は、絵文字でも象形文字でもない。したがって、このケースでは、シニフィエ（意味）とシニフィアン（記号）の対応は、まったく恣意的である。

図　アイの図形文字

左から「赤」「青」「黄」を表わす

（松沢哲郎『想像するちから』160頁より）

　やがて、アイは、色についての図形文字を理解したかのように見える水準に到達した。色を見せると、正しい図形文字を選べるようになったのだ。だが、松沢哲郎の実験が、他の類似の実験とは異なって際立って啓発的なのは、この実験が見事に成功したからではない。この実験に、思いもよらない失敗が後続したからである。そして、その失敗の方にこそ意味があることを松沢が見抜いたからである。

　アイは、何百色もあるマンセル色票を、正確に図形文字で表現できるようになった。それだけではない。たとえば、散歩に出かけた

とき、タンポポの花をつまんでアイに見せると、アイは、「黄」を意味する図形文字が描かれた札を手渡してくれる。あるいは、人間の方が無理に尋ねなくても、積み木遊びをしているときに、緑の積み木を取り出して、自分で「緑」の文字が描かれた図形をもってくる。アイは、図形文字を自発的に使っているのだ。人間の幼児がここまでできれば、たとえば、タンポポやヒマワリについて「何色？」と質問されたときに、「きいろ」と答えられたり、赤色の折り紙をもってきて「あかい」と言ったりすれば、われわれは、「この子は色の名前をマスターした」と判断するだろう。

　ところが、その後、思いもよらない展開が待っていた。ある日、松沢は、思いつきで、アイに図形文字を提示して、「これはどの色ですか」と選ばせてみたのだ。ところが、アイはまったくできなかったのだ！　少し正答率が低いというようなレベルではなかった。アイの正答率はほぼチャンスレベルであった。つまり、何も知らない者が当てずっぽうでやったときと同じ水準だった。

　この結果に、松沢は心底から驚いたという。最初は、アイは、たんに経験不足からとまどっているのかと推測したのだが、よく調べていると、そういうことでもないということがわかってきた。松沢は、こう記している。

　　本質的に、チンパンジーは「ことば」を覚えているのか、という疑問をもち始めたのはそのときだ。いわゆる類人猿の言語習得という研究に対する素朴な疑問の始まりだった[5]。

5　松沢、165頁.

この驚きはよくわかる。タンポポを指して「きいろ」、トマトをさして「あか」と言っている人間の幼児に、「黄色い折り紙をもってきてちょうだい」と頼んだら、まったく見当外れの折り紙をもってきたとしよう。誰もがびっくりするに違いない。「この子は、『きいろ』と言っていたときに、いったい何を理解していたのだろう？」と。実際には、人間の子どもの場合には、こんなことにはならない。タンポポや卵を「きいろ」と指し示すことができる子どもは、この場面で、ちゃんと黄色い折り紙をもってくるはずだ。

　チンパンジーと人間とでは、いったいどこに違いがあるのか？ 実は、アイの失敗は、われわれが普段気づいていない、言語の本性を照らし出している。この例の非常に興味深い点は、実験者である松沢哲郎自身が、アイは図形文字から正しい色を選び出すことができるに決まっている、と前提にしていたことにある。彼は、新たな実験のつもりで、アイに課題を出したわけではない。容易にできるに決まっている、今までとほぼ同じ課題を出したつもりだったのである。人間である松沢とチンパンジーのアイとの間には、同床異夢のような根本的なギャップがあったのだが、松沢が、思いつきのような仕方で、質問を変えてみるまで、そのギャップは検知されなかったのだ。

4　名前の謎

　どこに違いが、人間とチンパンジーとでどこに違いがあったのか？

　言語を含む象徴(シンボル)は、記号（シニフィアン）Sと意味（概念、シニフィエ）Mとの統一体である。チンパンジーのアイが学習したのは、「意味（概念）M→記号S」という因果関係である。たとえば、「赤」

という意味の中に含まれる対象（たとえば赤い積み木など）を提示されたときには、「ひし形＋横線」の図形をもってくればよい、という関係を、アイは学習した。「意味」そのものを直接に見せることはできないので、実験者は、その意味に下属する具体的な指示対象をアイに示しながら、学習を重ねている[6]。指示対象から意味（概念）への帰納に、アイが失敗しているようには見えない。つまり、アイは、「赤」という「概念」を正しく理解しているように見える。というのも、アイは、「赤い色票」でも、「赤い花」でも、「赤い積み木」でも、等しく同じ図形文字に対応させることができるからである。このチンパンジーは、正しく対象の「色」というアスペクトに反応している。

アイが失敗したのは、「記号S→意味M」という逆の因果関係をもった対応だ。このように整理してみれば、アイが失敗したのは当たり前であるとも思えてくる。アイは、学習してきたものとはまったく違う、逆の課題を与えられていたことになるからである。

さて、われわれがよくよく考えなければならないことは、ここから先である。謎は、アイがこの課題に失敗した原因にあったわけではない。それは、今見たように、簡単に説明できる。そうではなくて、人間だったら、どうして同じ課題に失敗することはないのか、にこそむしろ謎があるのだ。どうして――学習してきたものと――まったく逆方向の対応関係をもった課題を、人間は難なく答えられるのだろうか？　どうして、「意味→記号」の方向をもった対応を学習した人間は、「記号→意味」という逆方向の対応づけに躓くことがないのか？

6　集合論の術語を用いれば、「意味」にあたるのが「内包」、指示対象は「外延」を構成する個々の要素である。

人間は、「一を聞いて十を知る」の方式で、「意味→記号」を学習しているときに、ついでに「記号→意味」も学習しているのだろうか？　しかし、そのように考えるのは、奇異ではないか。「A→B」の因果関係は、当然のことながら、「B→A」という因果関係を含意してはいない。「一を聞いて十を知る」は賢者の譬えだが、もし誰かが「A→B」であるならば必ず「B→A」であると確信するのだとすれば、その人は、明らかに間違っており、愚者である。人間が、もし「意味→記号」を教えられたとき、一緒に「記号→意味」の因果関係をも学習しているのだとすれば、人間よりもチンパンジーの方が正しいということになるだろう。そして、チンパンジーに対しては、「意味→記号」とは別に、「記号→意味」を学習させれば、結局、両方を合して、チンパンジーも人間と同じ水準の象徴の理解に達したということになるだろう。

　しかし、私には、これはまったく言語象徴の本質を逸した解釈であるように思える。人間が一度に習得していることを、チンパンジーが二度に分けたら習得できる、ということではない。二方向の学習を要しない、という点にこそ、言語の言語たる所以があると考えるべきではないか。どのように理解したらよいのか？

　「M→S」という対応と「S→M」という逆の対応、つまり関数と逆関数、これら二つの契機があると考えると、罠に陥ることになる。人間の言語にとっては、「M／S」は端的に、不可分な一体であって、本来は、つまり起原にあっては、二つの項——M（意味）とS（記号）——は分離できない。このように考えるべきではないか。人間は、「M→S」という対応関係を学習しているのではない。「M／S」という単一のまとまりを学習しているのだ。だから、人間は、「M→S」を対応させることができる者が、「S→M」の対応に失敗

すると驚いてしまうのである。あるいは、自分自身は、MとSの間をどの方向でも移動できるのだ。

ここからさらに、すこぶる重要な含意を引き出すことができる。一般に、われわれは、「言語記号SはMを意味する」と言う。だが、ここに述べてきたことを考慮すると、このごく普通の言明は、ミスリーディングなものであることに気づく。こうした言明で言語を理解すると、われわれはどうしても、Sによって意味されることになるMという概念がまずあって、それにSという記号が付与される、という構図で事態を把握してしまう。しかし、「M／S」が不可分な一体であるということは、Sが出現するまでは、あるいはSを学習する前には、Mは存在していない、ということを含意している。Sによって意味されるものは、最初は存在していない――欠如しているのだ。言語記号Sは、欠如に対する名前である。あるいは、こう言ってもよい。言語記号Sは、究極的には、トートロジーを含んでいるのだ、と。MはSから独立には定義できないので、Mは、結局、「Sによって意味されるもの」「Sによって名指されるもの」と言うほかないからである。「Sは、Sによって意味されるものを意味している」は、端的なトートロジーだが、ここに言語の本質がある。普通は、トートロジーは何も意味しない、何を言ったことにもならない、まったく機能しないと考えられている。ところが、奇妙なことに、言語の根源のところで、トートロジーが絶大な効力を発揮しているのだ。

*

言語についてのこのような理解は、現代の分析哲学の理論とよく合致する。ここで念頭においているのは、名前――固有名や自然種名（一般名）――とは何かをめぐる分析哲学者たちの間でかわされ

た論争である。

　かつて、名前は、それによって名指された対象の性質の束を意味している、とする説が有力であった。名前は、対象の性質についての記述（の束）の代理物である、というのだ。この説によれば、固有名は、個物を唯一的に指定できるような、性質についての確定記述の代理物である。一般名は、それによって名指されている対象の集合（自然種）を指定できる、性質の記述と等価である。たとえば、「アルベルト・アインシュタイン」という固有名は、「ドイツ生まれのユダヤ人で、物理学者で、特殊相対性理論と一般相対性理論の発見者で…」といった確定記述と互換的であるとされる。また「水」という名前は、「無色透明で、無味で、喉が渇いたときに飲みたくなり、手で触れると心地よく等々…の液体」といった記述と等価である。これを「名前の記述説」と呼ぶ。

　ここで「性質の記述」が、われわれがここまでMで指示していたことがら、つまり記号Sによって表現される「意味」「概念」に対応している。記述説は、「M（性質の記述）→S（名前）」という関数的な関係に基づいていることは、容易に理解できるだろう。この説では、まず、性質の記述があり、それが名前に置き換えられる、と考えられているのだ。

　しかし、記述説は誤っており、言語の実態とは合致しない。記述説を完膚なきまでに批判しつくし、その間違いを明らかにしたのが、ソール・クリプキである[7]。ここは、言語哲学的な考察を展開すべき場所ではないので、クリプキの論を詳細に紹介しないが、ごく簡

7　Saul A. Kripke, *Naming and Necessity*, Harvard University Press, 1980（ソール・A. クリプキ著／八木沢敬・野家啓一訳『名指しと必然性―様相の形而上学と心身問題』産業図書、1985）. 大澤真幸『意味と他者性』勁草書房、1984.

単な思考実験によって、その骨子にふれることができる。

　たとえば、徹底的な科学史の研究によって、相対性理論を発見したのは、アインシュタインではなく、彼の友人の、やはりユダヤ人物理学者のノーマン・コーエンという人物であり、アインシュタインが極度に内気なコーエンの代わりに、その説を世に紹介しただけであった、ということが判明したとしよう。そのような反実仮想をしてみるのだ。この可能世界では、記述説が前提にしているアインシュタインについての記述はコーエンにあてはまり、アインシュタイン自身にはあてはまらない。記述説に従うと、「この可能世界では、コーエンこそがアインシュタインであり、アインシュタインは、ほんとうはアインシュタインではない」、という奇妙なことを主張しなくてはならなくなる。しかし、この可能世界は、単に、「アインシュタインが相対性理論を発見しなかった世界」である、と言うべきではないか。ならば、「アインシュタイン」とは何か？　「アインシュタインと呼ばれているあの男」である。

　自然種名についても同じことが言える。たとえば、「水は H_2O である」という発見（同一性言明）に関して考えてみる[8]。もともと、われわれは、水をさまざまな特徴的な感触によって同定していた。ここで、もし、水を同定する際にわれわれが頼りにしていた特徴（無色透明で、無味で等々）をすべて備えているが、H_2O ではない液体が発見されたとしよう。記述説的に考えれば、このとき、われわれは、「ある種の水は H_2O ではない」と主張しなくてはならなくなる。しかし、この主張は、アインシュタインはアインシュタインではない、という命題と同じくらいに不合理である。われわれは、素直に、

8　「水は H_2O である」は、二つの名前（「水」と「H_2O」）の間の同一措定である。「見田宗介は真木悠介である」という命題と同じだ。

「その液体は水に似ているが、水ではない」と言うべきではないか。

　要するに、名前の記述説は完全に間違っているのである。ということは、次のように結論しなくてはならない。名前Sによって指示されている対象の同一性Mは、名前それ自身によって与えられているのだ、と。長い迂回路を歩んできたが、ここまで議論を追い詰めれば、言語の可能性の条件（のひとつ）として、原的な否定性がある、ということを説明することができる。

　どうして命題としては無意味なトートロジーが──「名前」の本態であるトートロジーが──機能するのだろうか？　このトートロジーを機能させ、効力を発揮させている契機、それこそ原的な否定性なのだ。

　ここまでに述べてきたことを受け入れれば、ある象徴を機能させる根拠は、「これはSである」という原初の宣言──つまり命名の宣言──の外にはまったくないことになる。「S」が何を意味しているかを決定する基準が、この宣言の外にはないからだ。「S」の意味である「M」は、この宣言の言語行為的な効果として生み出されている。言語の習得は、「M」（たとえば色）と「S」（音声や図形文字）がそれぞれ独立にあって、それらの間の対応関係を付ける、という方式にはなっていないのだ。「S」の意味であるところの「これ」は、それ自体としてはもともと空虚であり、「（これは）Sである」という宣言によって遡及的に生み出されるのである。

　ところで、この宣言、「これはSである」という命名の宣言は、原的な否定性としての要件を備えている。この宣言によって、「（これは）Sなのか、Sではないのか」という二項対立の中の一項、「あれか、これか」という対照の中の一項──「Sではない」という選択肢──が、いかなる根拠もなしに、無条件に廃棄され、禁止され

たことになるからである。こう言い換えてもよい。「これはSである」という宣言は、宣言を聞く者に対する一種の命令であり、受け手から見れば、原初の禁止でもある、と。

　チンパンジーのアイがどうして、言語を習得することができなかったのか？　その答えは、今や明らかである。アイは、原的な否定性の権威をまったく感受することがなく、受け入れなかったからである、と。アイは、原的な否定性の効力の外にあったのである。普通は、言語を習得するということは、何かを知的に理解することだと思われているが、実際には、そうではない。それ以前のものが必要なのだ。トートロジーは無意味なのだから、これを知的に理解させることなど不可能だ。言語を習得するということは、まずは、原的な否定性を構成するような社会的な関係性に入ること、つまり原的な否定性を帯びた命令を発する他者の権威を受け入れ、まさにその命令に（禁止や宣言としての）効力をあらしめることである。名前・言語を可能なものにしているのは、原的な否定性を構成する社会的な関係性である。

5　社会の起原という問い

　したがって、われわれの探究の焦点には、〈原的な否定性〉がある。原的な否定性が成立したとき、動物的な水準から人間的な水準への移行が成し遂げられるだろう。原的な否定性は、いかにして可能か？　原的な否定性の成立を可能にした条件は何か？　これがわれわれの問いになるだろう。

　本章では、原的な否定性が何であるかを粗描するために、近親相姦の禁止や言語を実例にとりながら、あえて単純化し、人間と動物との間の乖離を強調してきた。しかし、原的な否定性は、突如とし

て、一挙に構成されたわけではあるまい。以下の考察（本巻だけではなく次巻以降を含む今後のすべての考察）では、より注意深く、それが動物的（生物的）なものの——とりわけ「高等な」動物の——どのような契機から発生しているのかを探り当て、やがて、「文化」を支える独自性にまで展開しうるのはなぜかを解明してみよう。

　もう少しだけ問題を見直しておきたい。レヴィ゠ストロースの直観が示しているように、原的な否定性は、同時に、社会性の領域とでも呼ぶべきもの——社会システムの境界——を分節する働きをもつ。つまり、同一の原的な否定性に基礎づけられた規範に従っている〔行為が接続した〕コミュニケーションの直接的・間接的な連鎖の到達範囲が、一個の社会システム（全体社会）を構成するのだ。たとえば、同じ近親相姦の禁止のルールに従っている集団が、同一の社会と見なされる。あるいは、いくつもの命名の宣言から始まるコミュニケーションの連鎖が相互に絡み合いながら、時間的・空間的に拡散していった範囲が、一つの社会システムになる。原的な否定性は、社会の同一性を規定するのだ。原的な否定性と社会とは表裏の関係にある。

　そうであるとすれば、原的な否定性の可能条件についての問いは、（人間的な）社会の起原についての問いと同じものである。（人間的な）社会の起原は、どこにあるのか？　生物が示す社会的な行動のどの範囲が、未だに人間的なそれに到達していないのか？　あるいは、生物の社会的な行動のどの部分が、人間的な社会とは異なる原理に従っているのか？　それは、どう異なるのか？　そして何より、生物の社会性のどの範囲から人間的なものへと変容するのか？　こうした一連の問いはすべて、原的な否定性がいかにして可能か、という問いの言い換えでもある。

次章では、現代の生物学の基本的なアイデアを概観し、整理しつつ、社会の起原について問い進めるための準備を整えることにしよう。

第3章 動物の社会性

1．利己的な動物個体

　生物（動物）の個体は純粋に利己的で、自分自身の快楽や生存を第一義の目的として生きていて、まともな社会など作ってはいない、とする学問以前の常識がある。日本語の「鬼畜」とか「畜生」といった語は、自分自身の快楽のために他人を斥けたり、暴力をふるったりする者を非難し、揶揄するときに使われる。英語の "animal" や "beast" も似た含みをもっている。この常識、学問以前の常識では、生物（動物）個体は、基本的には、社会性に反するような方向で行動するとされる。

　逆に言えば、常識的には、社会性――この語の厳密な定義は後に行う――ということ全般が、人間的な特徴であるかのように、見なされてきた。人間は社会的な動物である、あるいは政治的な動物である、とする古来の哲学的な定義は、こうした常識の上に立っている。こうした定義の嚆矢は、アリストテレスである。第1章でわずかに言及したアレントの「人間の条件」の考察も、こうした常識を継承している。彼女が提案した「労働／仕事／行為」という活動の三層を人間性の方へと近づけるほど、つまり労働から行為へと上向していくほど、社会性――アレントの用語ではむしろ「政治性」[1]――の濃度が高まるように想定されているからである。あるいは、前章に引用したレヴィ＝ストロースの見解、動物は近親相姦を平気で犯すが人間はそれを自らに禁じ秩序だった社会を形成しているとする見解も、このような常識に規定された見方である。論じたように、レヴィ＝ストロースは、禁止という形式に関しては優れた洞察

---

[1] アレントは、真の社会性（複数性）が消去されているような集団の有り方、多くの人がいるのにまったく一個の個体のように扱われることを「社会」という語で表現する。社会性（人間の複数性）が維持されている状態を指す、アレントの用語は「政治」である。

を示したが、禁止された内容に関しては、常識の範囲を越えてはいない。

　生物——あるいは動物——の個体は純粋に利己的であるという理解は、さしあたって、生物学の専門知に属することではなく、生物学外の一般の人々の考えを代表している。しかし、生物学もこのような理解から無縁なわけではない。つまり生物学にとっても、生物・動物が利己的である、彼らは利己的にふるまうということは、まずは基本的な認識である。そして、この認識には理論的な根拠がある。実は、徹底してその含意を引き出した場合には、今日の生物学の理論は、この常識を突き破る契機をもっているのだが、この点については後に詳らかにするとして、まずは、生物学の理論に基づいたとしても、普通は、生物の個体は利己性を指向していると考えられているということ、この点を明らかにしておこう。

　そのためには、「利己性／利他性」を生物学に即して定義しておく必要がある。さもなければ、議論がいたずらに拡散する恐れがあるのだ。というのも、生物学が、動物に関して利己的である、というとき、われわれが人間の社会の中で「利己的／利他的」と述べる場合といささか異なった意味で、この語が使われているからである。それならば、生物学的に厳密な意味で、利己性／利他性はどう定義されるのか。両者の差異はどこにあるのか[2]。

　利己性とは、個体が自己の利益を高めるような方向で行動する性向であり、利他性とは、個体が自己の利益を犠牲にしてでも他個体の利益のために行動する性向である。これだけであれば、当たり前

2　Edward Wilson, *Sociobiology*, 1975(伊藤嘉昭監訳『社会生物学』思索社、1985、265頁). Robert Trivers, *Social Revolution*, 1985（中嶋康裕・福井康雄・原田康志訳『生物の社会進化』産業図書、1991、50頁）.

のことであり、日常的な語法との差もない。問題は、「利益」は何によって測られるかにある。この場合、利益とは「繁殖成功」である。個体が、自分自身の子孫を残すことにつながる行動をとっているとき、その行動は利己的であり、自分の子孫を残す機会を犠牲にしてでも、つまり自分の子孫の繁栄を犠牲にしても、他の個体やその子孫の生存のために行動していれば、それは利他的である。

　繁殖成功を「利益」の基準にするということは、個体が、自己が有する遺伝子の継承の成功——自分が残す子孫の数の期待値——を、「目的」としてもっていると仮定することを意味している。無論、動物の個体は、そのような目的を意識しているわけではない。そのような目的をもっていると見なすと、動物の個体の行動が首尾よく予想できるという意味で、これは、説明の経済(エコノミー)のための想定である。この目的が実現される確率は、当然のことながら、多くの場合、個体の生存確率が高まったときに一緒に高まってくる。「必然的に」ではなく、「多くの場合」という限定を付したのは、個体が生殖可能なときか、あるいは生殖可能な年齢に未だ達していないときには、個体の生存と繁殖成功の間の正の相関は確実だが、個体が生殖可能な年齢を超えているときには、両者の相関は不確実なものになるからだ。いずれにせよ、ほとんどの場合に、ある個体の繁殖成功を目指すことは、その個体自身の生存を確保することを意味している。逆に言えば、利他的な行動は、自己の生存確率を下げても、他個体の生存確率を高めようとする行動として現れる。

　さて、そうであるとすれば、利己的な個体だけが、進化の中の自然選択にたえ、勝ち残っていくはずだ。もし利他的に行動する個体がいたとしても、そのような個体は子孫を残すことができず、絶滅するはずだ。進化論に基づく生物学にとって、原則的には、生物個

体が利己的である、と見なされるのは、このためである。このこと、つまり動物の個体が利己的であることを裏付ける事実は山ほどあって、あえて証拠としてこれらを指摘する価値がないほどである。

　これですべての事実が説明できるのであれば、人間以外の動物は利己的であり、人間のみが社会的であるとする理解がそのまま支持されるだろう。ところが、生物の個体は利己的だとする解釈には回収できない事実もある。つまりまぎれもなく利他的であると解するほかないような事実が、いくつかあるのだ。その典型は、アリやハチ等の（真）社会性の昆虫の個体の行動、厳密に言えば、そのメス個体の行動である。彼らは、自分自身の生存を持続させたり、自身の子どもを残したりすることには無関心で、同じ巣の仲間のために献身的に働く。生物個体の基本的な利己性を前提にした場合には、生物がときおり見せる、この種の利他性をいかにして説明するかが、最大の理論上の課題となる。実際、今日の社会生物学では、生物の個体の圧倒的な利己性といくつかの例外的な利他性とを統一的に説明する基本的な理論枠組みが確立している。この枠組みの真の含意を、われわれは、真木悠介の『自我の起原』の助けを借りながら引き出しておきたい[3]。

2　種の論理

　だが、社会生物学の現代的な到達点を要約する前に、その一時代前の流行の理論の骨子を見ておきたい。この理論には、今日の視点からとらえても十分に価値あると見なしうる洞察が含まれているからだ。また、この理論の超克として理解すると、現在の社会生物学

3　真木悠介『自我の起原―愛とエゴイズムの動物社会学』1993、岩波書店. → 2008、岩波現代文庫.

の理論の意義がより納得しやすいものになるからだ。

　ここで念頭に置かれているのは、コンラート・ローレンツの動物行動学である[4]。ローレンツの理論は、動物の利己性についての上で述べた常識の対蹠点を採るものだった。つまり、ローレンツに従えば、きちんとした全体的なコンテクストの中でとらえてみれば、動物の行動はすべて「利他性」をもっていると解釈することができる。ローレンツによれば、生物が発現させるさまざまな形質（行動と性質）の意味は、個体の水準ではなく、種の水準で評価することによって、はじめて的確に理解することができる。すなわち、仮に個体にとっては不利益でも、種――または個体群――の存在あるいは繁栄にとっては利益となるような形質が進化しうるし、また実際に進化してきた、というのだ。この理論にしたがえば、個体の利己的な行動は、本来は存在しない、ということになる。もっとも、種、あるいは個体群の水準を単位(ユニット)とすれば、やはり、動物は「利己的」だということにはなる。しかし、個体を基準とする本来の利己性は、ローレンツの説明からは排除される。

　まず、動物の個体は利己的である、とする常識がある。ローレンツの説明は、この常識を否定するアンチテーゼである。動物の行動は、個体のためにではなく、種のためになされる、と。もっとも、このローレンツの説もまた、もうひとつの常識であるとも言える。たとえば、サケは産卵（あるいは放精）の後、力尽きて、ほどなくして死んでしまう、といったことはよく知られており、種（子孫）のために自己犠牲になる動物というイメージも、広く流通している。

　いずれにせよ、ローレンツの理論には、一定の説得力があること

4　Konrad Lorenz, *Das sogenannte Böse*, 1963（コンラート・ローレンツ著／日高敏隆・久保和彦訳『攻撃―悪の自然誌』みすず書房、1970）.

を確認しておかなくてはならない。前節の最後に触れた、アリやハチの（真）社会性的な行動は、ローレンツにとってあからさまに有利な事例である。しかし、こうしたあからさまな事例によって、自説をサポートしても意味がない。動物の行動の圧倒的な部分は、やはり利己的なものに見える。それらもまた、種のための行動として一般的に解釈できるのではなくては、ローレンツの説明は説得力をもちえない。

そこで、ローレンツは、個体の利己性が最も直接的に露呈しているように見える事例、「利己的ではない」と言い張るのはとうてい不可能だと思われる事例、つまり同種内の連帯を強調するローレンツの理論にとっては最も不利な材料となるような行動に、目をつける。それは、同種の個体の間の「攻撃性」である。同じ種の個体を攻撃することは、種のために有益とは思えない。ところが、ローレンツはそんなことはない、と主張する。同種の他個体への攻撃すらも、種の存在のために正の機能を果たしている、と。

たとえば、エンゼルフィッシュのような熱帯魚は、同種の他個体を激しく攻撃する。ローレンツによれば、こうした攻撃は、魚たちを空間的に均一に散開させ、結果的に、稀少な資源を種全体に効率的に分配することを可能にする。攻撃のおかげで、有限な資源の中で繁殖できる個体の数が最大になるのだ。このように、同種の仲間を空間的に均一に分布させることは、同種間攻撃の第一の機能である。

第二に、同種個体間の抗争は——とりわけ生殖のための抗争は——、遺伝的に最も優秀な個体を選抜する機能をもち、子孫の繁栄を導く。種によって、オスまたはメスが、配偶者をめぐって激しく争う。オスが、メスをめぐって争うケースがその逆よりもずっと多い

ことが知られている。いずれにせよ、こうした争いは、子のために最良の父親や母親を選抜する機能を有すると、ローレンツは述べる。

第三に、集団を形成する哺乳類の場合には、オス同士の抗争を通じて、集団の保護者としての資質に最も優れた個体が選抜される。たとえば、ヤギュウや野生のウマは、オス同士で激しく闘い合う。これらの種は、群れをつくりかつ移動しているので、単独でしかも定住しているエンゼルフィッシュのように縄張りを決定するために争うわけではない。これらの動物のオスの戦いの勝者は、集団を守る。肉食動物から襲われたときなどに、群れを囲う任務を負うのだ。

こうした例を重ねながら、ローレンツは「同じ種類の仲間を滅ぼすという目的をもつ攻撃はいちども出会わなかった」[5]と結論している。確かに、今ここに挙げた諸事例は、諸個体が各々の「意図」とは独立に結果的に種全体の利益のために行動した、とする解釈を許容しているように見える。

それならば、利己的としか解釈しようのない、したがって種全体の繁栄にとっては明らかに反機能的な行動についての事例は、存在しないのか？　種全体から見れば利益になっているとする解釈を絶対に受け付けないような行動は、ほんとうに見出されないのだろうか？

後になって、種全体の利益のためと見なすことが不可能な例が、いくつも発見された。その中には、単純な発見もあるが、むしろ、もともと知られていた事実の再解釈によって見出されたケースが多い。いずれにせよ、こうした例があるのだとすれば、「種のための個」というローレンツ流の理論は維持しがたい。こうして、動物の利己

5　ローレンツ、前掲書、77頁.

性についての仮定に、再びわれわれは送り返される。ここから、生物の利他性や社会性をも同時に説明できる枠組みとして、今や標準理論の地位にある社会生物学（行動生態学）が登場する。

*

　どのような現象が、動物のどのような振る舞いが、ローレンツの動物行動学の範囲内で解釈することができなかったのか？　先にその点を確認しておこう。たとえば、集団で互いに隣接して巣を作るユリカモメは、しばしば、すきをみて、隣の巣の仲間のヒナを食べてしまうという。親鳥が、食料となる魚を獲りにいって留守をしたりしたときが、危険である。親鳥は、少し大きくなった自分の子が勝手に出歩かないように、絶えず気配りしていなくてはならない[6]。もしローレンツが言うように、動物の性質が種の繁栄へと指向しているのであるとすれば、このように同種の仲間の子を食べてしまうような行動が発達してくるはずがない。同種の仲間を滅ぼすような攻撃は存在しない、というローレンツの主張は誤っていることになる。

　ウミガラスの行動は、ユリカモメほどには過激ではないが、「種」の繁栄を重視する立場からすると、やはり感心できない。ウミガラスの卵に斑模様になっているという。ウミガラスのメスは、その斑模様によって、自分の卵かどうかを判別することができる。何かのひょうしで他人の卵がまざってしまったときには、メスは、自分の卵だけを優遇してあたためる。種のためであれば、自分の卵かどうかにこだわらずに、平等にあたためるはずだが、ウミガラスのメス

6　Richard Dawkins, *The Selfish Gene*, 1976 → Second Edition, 1989（日高敏隆・岸由二・羽田節子・垂水雄二訳『利己的な遺伝子』紀伊國屋書店、1991、21 頁）．日高敏隆『利己としての死』弘文堂、1989、101 頁以下．

は、他人の子を厳しく拒否している。

　種を無視した利己性は、とりわけ生殖に関連した場面で発揮される。すなわち、生殖に際して、動物個体は、しばしば、他人（同種の他個体）の不利益を省みようとせず、ときには、自分の利益の増進のために他人を積極的に振り落とそうするのだ。あるいは、次のようにいってもよいだろう。繁殖成功が最終的な「目的」である以上は、生殖に関係する場面で、他人をけおとしてもかまわないというような利己性が発揮されると、それを、種や群れのための行動として解釈する余地がまったくなくなってしまうのだ、と。

　たとえば、多くのオスの昆虫が持っているスコップやフルートのような形をした性器は、利己性の象徴だと言える。このような奇異な形の性器が何のためのものかは、蜻蛉目（トンボやイトトンボが入る）の中の昆虫である均翅類の行動を見ればわかる。均翅目のオスのペニスの先端のスコップは、メスの精子貯蔵器から他のオスの精子のかたまりを引っ張り出すのに使われるのである。似たような機能は、はるかに高等な動物、つまり哺乳類のペニスにも備わっている。多くの哺乳類のペニスにある陰茎骨は、やはりメスから他のオスの精子を除去するためのものだという[7]。

　またカミカゼミツバチのオスの生殖器には、角と剛毛があり、女王バチとの交尾のとき、ばねじかけの罠のようにはじけて、寄ってくる他のオスを妨害する。はじかれたオスはしばしば地面にたたきつけられて死んでしまうというから、これはかなり強力な凶器である[8]。

7　Lynn Margulis, Dorion Segan, *Mystery Dance*, 1992（リン・マーグリス、ドリオン・セーガン著／松浦俊輔訳『不思議なダンス―性行動の生物学』青土社、1993, 228 頁）.
8　マーグリス、セーガン、同、45 頁.

オスバチは、死の直前に女王蜂と交尾し、自分の生殖器と粘液状の物質を残し、女王蜂の生殖器に栓をしてしまう。この粘液状の物質は、自然の貞操帯というわけだ。他の個体の精子を押しのけて、自分の精子だけを受精させようとする強烈な「意志」のようなものを感じてしまう。実は、似た戦略は、哺乳類でも採用されており、齧歯類の中には、交尾の際に粘着性の分泌物を残し、「栓」をしてしまう種がある。それでも、こんなさもしいやり方は、われわれよりもかなり「下等」な動物のものだと思いたくなるかもしれないが、ヒトとも無縁ではない。リン・マーギュリスとドリオン・セーガンは、人間の精液も、射精後ただちにセメント化してしまうところに、このような機能を名残として留めているのかもしれない、と推定している。Moniliformis Dubius という吸虫（哺乳類の消化器に住む寄生性の扁形動物）に至っては、メスの生殖器の管を塞ぐだけではなく、後から来たオスの生殖器までふさいでしまうという質の悪さを備えているという[9]。

　もしローレンツの動物行動学が想定しているように、生物が種の繁栄を指向しているならば、少なくとも、同種の子孫の再生産（遺伝子の継承）だけは助長すべく、諸個体は協力しあわなくてはならない。ところが、以上に見てきた事例は、生殖に際して、諸個体が自身の子どもだけを優先的にもたらすために、他個体の血筋を排除しようとしていることを示している。つまり、ここには、種の繁栄を全面的に無視した利己性が発揮されているのだ。食べ物や空間をめぐる他個体への争いであれば、あるいは交尾の前になされる配偶者獲得の競争であれば、仮に他個体への攻撃を含んでいても、その

9　マーギュリス、セーガン、同、232頁、229頁.

他個体を含む種のための行動として解釈することもできる。しかし、ここに見てきたような諸事例、すでに交尾にまでこぎつけた他の個体への攻撃、ときには他の個体の卵や子すらもないがしろにする行動は、もはや種の繁栄に貢献する行動として解釈することはできない。これらは、あからさまに、そして最後まで徹底して利己的である。しかし、このような事例に基づき、個体の利己性を基本的な前提とした場合には、今度は、いくつかの例外的な利他的行動はどのように理解されなくてはならないのか、という問題が残ってしまう。両者を整合的に理解する一本の線を見出したのが、社会生物学である。

3　包括適応度

この問題に対する社会生物学の回答を説明しよう。これから紹介する理論は、標準的なドグマであるといってよいほど、広く認められたアイデアである。われわれの議論の（批判的な）出発点として、この説を設定しておく必要がある。

しかし、一つひとつの経験的な事実に即しながら、社会生物学の中心的なアイデアを確認するのは、あまりにも煩雑だ。ここでは、社会生物学の中心的なアイデアには、まことに論理的と言うほかない不可避性があることを、D.S. ウィルソン、コーエン、エッツェルらが提案した、「形質グループモデル」と呼ばれる簡単な数理モデルを利用することによって、示すことにする[10]。それは、次のようなモデルである。集団 population のメンバーは、完全にランダム

---

[10] モデルの解説は、以下の論文を活用する。John Maynard Smith,"Origin of Social Behavior," A.C. Fabian ed. *Origins*, 1988（ジョン・メイナード・スミス「社会行動の起原」、A.C. フェビアン編／村上陽一郎・養老孟司監訳『起源をたずねて』産業図書、1993、148-155 頁）.

に交配するものと仮定する。その結果生まれた子の世代は、「形質グループ」と呼ばれるグループに分かれる。その形質グループの作り方によって、さまざまなケースを考えることができる。自然選択は、子の世代が形質グループに属している間に作用する。すなわち、自然環境に適応的な個体によって構成されているグループは、生存確率が高いので、メンバーの数はあまり減らない。しかし、適応的ではない個体たちの形質グループは、生存確率が低くなり、メンバーの数をより激しく減少させることになる。自然選択が作用した後に、グループはいったん解消され、再び全個体が一堂に会し、ランダムな交配が行われる。形質グループにいた期間に、多くの生存者を残すことができたグループは、このランダムな交配を通じて、次世代により多くの自分の遺伝子を残すことができる。この過程を何度も繰り返すのが、「形質グループモデル」である（図1参照）。

図1　形質グループモデル[11]

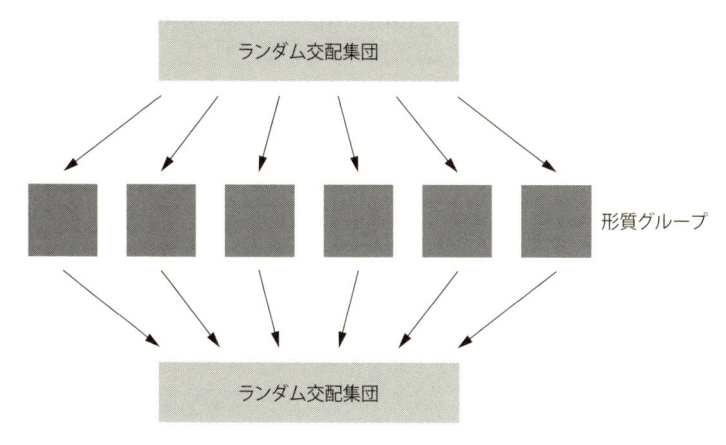

11　スミス、同、148頁.

さて、ここで、n個の個体から成るグループの中には、他のメンバーに対する協力者Cと非協力者Dが含まれているとする。C個体は、自分の適応度をcだけ減少させ（コスト）、同じグループの他の任意の個体の適応度を$b/(n-1)$だけ上昇させる（他個体の利益）。つまり、C個体は、利他的に振る舞うのだ。なお、$(n-1)$とは、Cの利他的な行動の恩恵にあずかるメンバーの数——つまり自分以外のグループのメンバーの数——である。C個体は、全メンバーに対して合計でbだけの恩恵を与えており、それを一個体あたりに平均すると、$b/(n-1)$になる。適応度は、ここでは、生存確率で計られる。協力的な個体Cは、自分が生存確率を下げて、他の個体の生存の確率を上げる。それに対して、非協力者Dは、他の個体の生存確率に影響を与えない——ということはD個体だけのグループがあったとすれば、互いに孤立して存在しているときとまったく変わらない、ということになる。このモデルでは、形質グループのメンバーとしての生存の後に、全員が交配に参加するので、生存確率と繁殖成功は完全に正に相関している。つまり、首尾よく生き延びることができれば、次世代に自分の子孫を残すことができる。

　ここで問題とすべきは、次のことである。どのような条件のもとで、C個体が現れ、存続することができるのか？　すなわち、利他的な行動を示す個体が属するグループが適応的になるのは、どのような場合なのか？　このモデルにどのような条件が付されているときに、利他的な行動を示すC個体が繁栄することになるのか？　このように考えることで、利己的な行動しか現れないケースと利他的な行動も現れるケースとを区別することができるようになる。

　まず、比較の基準、原点のごときものとして、最も単純な「モデ

ル1」を想定する。モデル1は、以下の2条件をともに満たすモデルである。

　①形質グループがまったくランダムに形成される。
　②コストと利益が相加的に（足し算的に）総合される。

後者の条件がややわかりにくいかもしれない。これは、協力したことによる相乗効果のようなものは考えない、ということである。たとえば、人間の労働に関しても、相乗効果がある協働と相乗効果がない——相加的な——協働がある。1時間に1個の壺を創ることができる10人の労働者が協力したことで、1時間に10個の壺を創ることができたとしても、それはまったく相加的な協働でしかない。しかし、それぞれの人が得意な作業に特化することで、1時間で、一挙に100個の壺を創るまでになれば、相乗効果があったことになる。とりあえず、出発点のモデル1では、相乗効果は考えない。基本適応度、つまり孤立していて協力者がいないときの生存確率をaとしよう。また、利他的に協力したときのコストをcとしよう。また、協力個体Cが非協力個体Dに与えうる恩恵をbとする。もしCが、Dに対して利他的にふるまうと、Cの適応度は$a-c$となり、Dの適応度は$a+b$になる。それでは、利他的個体Cがペアをなしていたときには、どうなるだろうか。このときも、相乗効果かあるわけではないので、つまりコストと利益が相加的に総合されるので、それぞれの適応度は、$a-c+b$になる。C同士が一緒にいても、bが特に大きくならないところがポイントである。

　モデル1では、利他的行動は進化しない。つまり、利他的個体Cは、適応的ではなく、すぐに絶滅してしまう。その理由はとても簡単である。コストcの値は、正の値であると仮定されている——つまりC個体が利他的にふるまったときには、必ず、C個体自身には

不利益になる（自分の生存の確率を下げる）。それに対して、個体Dは、ただひたすら恩恵を受けるだけで、生存確率は上がる（少なくとも下がることはない）。当然のことながら、Cのような、自己犠牲的な「善意」の個体は、必ず淘汰されてしまうだろう。

　念のために述べておこう。人によっては、協力個体Cが他個体に与える恩恵bが大きいときには、Cの密度（頻度）が高まるのではないか、と考える人がいるかもしれないが、そんなことは決してない。確かに、bの値が大きければ、C個体を含む集団内の他個体が得る利益は、その分、大きくなる。しかし、このときでも、コストと利益の関係が相加的な場合には、利己的な個体Dとして、他人の犠牲の上に立って他個体からの便益を享受するだけの側に回った方が、利他的な個体Cとして他人に協力する「お人良し」でいるより有利なので、C個体の方は淘汰されてしまうだろう。したがって、利他的な行動が進化するためには、①か②のどちらかの条件が変更されなくてはならない。

＊

　協力個体Cの利他的な行動は、他個体にbの利益をもたらす。普通は、利他的な行動は、自分自身にとっては何の利益にもならない——というよりマイナスである。だから、協力個体は、常に不利であり、たまたま出現したとしても、すぐに絶滅してしまう。しかし、他個体へと与えた利益が、直接に自分自身の利益にもなるような密接な繋がりが、自己と他個体の間に存在している場合にはどうなるだろうか。「あなたの利益は私の利益でもある」というような強い結びつきが、二つの個体の間にあった場合にはどうであろうか。「なさけは人のためならず」と言えるような関係が存在しているときは、どうであろうか。このとき、C個体が絶滅せずに、逆に増大

する可能性が出てくるはずだ。

　しかし、ランダムに形成されているグループの内部の個体の間には、このような密接な関係が存在していると見なしうる特別な根拠はどこにもない。このことを念頭において、①の条件を否定したモデルを作ってみよう。①の条件を否定するということは、ランダムではなくグループが形成されるように、モデルを変更するということである。グループ形成に特殊な傾向性が生ずると考えた場合に、最も起こりそうなこと、自然に起こりそうなことは、遺伝的に近縁な個体たちがグループを形成するという状況である。たとえば、兄弟姉妹やイトコたちが集まってグループを形成すると想定してみるのだ。これを、「モデル2」としよう。

　このモデル2の意義を評価する上で留意すべき重要なことは、個体の生存は有限だが、遺伝子〔の上の情報〕は、潜在的には不死だということである。つまり、遺伝子は、その担い手さえ見つかれば、失われることなく、永続的に継承されていく。個体は死ぬが、遺伝子自体は死なない。

　適応的で生存確率の高い形質を有する個体が、次世代に多数になっていくのは、言うまでもなく、その形質を発現する遺伝子が受け継がれているからである。とするならば、よく考えてみると、この形質グループモデルによって表現されている「ゲーム」のほんとうの目標は、個体そのものの生存、つまり個体の適応性ではないことがわかる。ゲームの目標は、個体がもっているものと同じ遺伝子の継承・増殖である。自分が途中で死んだとしても、自分の身体の中にある遺伝子と同じ遺伝子が次世代に継承され、増殖すれば、このゲームには「勝つ」ことができるのだ。とはいえ、遺伝子は、普通は、親子の関係を通じて継承される。したがって、少なくとも自分

の子をつくるまでは生きていなくては、ゲームに勝てない。個体の生存確率がこのゲームにとって重要なのは、このためである。

しかし、よく考えてみれば、同じ遺伝子は、親子間で共有されているだけではない。ある個体が有する遺伝子と同じ遺伝子は、兄弟姉妹やイトコのような親族との間でも共有されているのだ。もちろん、クローンのように、まったく同じ遺伝子が兄弟姉妹間にあるわけではなく、一定の割合で遺伝子が等しいだけである。しかし、それを言うなら、親子の間であっても、遺伝子の共有度は、5割である。子は自分のクローンではない。重要なことなので繰り返し確認しておけば、ある個体がこのゲームに「勝つ」ということは、直接には、自分の子を残すことでも、さらに自分自身が長生きすることを意味しているわけでもなく、自分の身体の中にあるのと同じタイプの遺伝子が継承されることを意味している。そして、同じ遺伝子は、親子以外の親族の間でも、一定の比率で共有されている。

したがって、自分自身や自分の子の適応度（生存確率）を上げるだけではなく、兄弟姉妹やイトコなどの親族の適応度（生存確率）を上げることによっても、自分のそれと同じ遺伝子を増殖させることができる。また、そのように親族の適応度（生存確率）を高めるような行動を引き起こす遺伝子は、このゲームで勝ち残り、世代を通じて増殖していくと予想しなくてはならない。結論として、十分に深い血縁関係があるとき（血縁度が高いとき）、利他的な行動を発現する個体Cが増加する可能性が出てくるのである。モデル2で、協力個体Cが増殖し、定着するための条件は、グループ内の個体間の血縁関係が十分に深いこと、である。

では、どの程度の血縁度（遺伝子の共有度）のときに、利他的な行動が発達するのか？　それを一般的に定式化したのが、ハミルト

ンの不等式と呼ばれる、次の不等式である。ハミルトンは、利他的な行動の進化の条件として、

$$rb > c$$

なる不等式を与えた。ここまでと同様、cは自分のコスト（犠牲の度合い）、bは他個体が受け取る利益の大きさである。rが、血縁度で、0以上1以下の値を取る。ヒトのような倍数性生物（両親のそれぞれからゲノムを1セットずつ受け取り、計2セットのゲノムをもつ生物）の場合には、親子の間では$r=1/2$、同じ両親を共有する兄弟姉妹の間では$r=1/4$、そして一卵性双生児の間では$r=1$である。この不等式の左辺rbは、ある個体Cの利他的な行動が、他の個体の身体の中にある、Cが有する遺伝子と同じ遺伝子が、どの程度の利益を得るかを表現している。この不等式を変形することによって、血縁度が

$$r > c/b$$

のときには、自分自身の直接の子孫を残すために利己的に行動するより、親族の子孫が残るように利他的に行動した方が、自らが有する遺伝子と同じ遺伝子が継承される確率が高いことがわかる。このハミルトンの不等式こそ、社会生物学の中心的なアイデアを表現している。

*

次に、モデル1に対するもう一つの可能な変更、つまり②の条件の変更について検討してみよう。②の条件を書き換えるとは、個体たちが互いに協力的に行動しあったとき、適応度（生存確率）に関して、相加的ではなく、相乗的な影響を及ぼし合う、と仮定することを意味している。簡単に言えば、協力しあったときに、「足し算」のような効果ができるのでなく、「掛け算」のような劇的な効果が

出る、ということである。このようなケースを「モデル3」と呼ぶことにする。モデル3で、利他的な行動が発達するだろうか？このようなモデルで、協力型の個体Cが繁栄するだろうか。

ひとつのグループが2個体で構成されている、最も簡単な場合で考えてみよう。孤立した状態での基本適応度を2と仮定する。相加的な場合は、協力型の個体Cの利他的な行動は、コスト$c=1$で、ペアの相手に$b=3$の利益をもたらすとする。もし協力型の個体Cと非協力型の個体Dとがペアになっていたとすると、Cの適応度は、$2-1=1$となり、Dの方は、Cの利他的な行動のおかげで、適応度を$2+3=5$と高めることができる。また、協力型の個体同士でグループを作った場合には、どちらの適応度も、$2-1+3=4$となる。適応度が、相手への協力によって1下がるが、しかし、逆に、相手からの協力で3増加するからである。

では、相乗的とは、どういうことか。それは、双方が協力しあった場合に限り、適応度が——相加的な場合よりも——はるかに大きく上がる、ということである。つまり、2個のCがペアになったとき、それぞれの適応度は、4よりもずっと高くなる。ここでは、8になると仮定してみよう。相乗効果は、両方が利他的なときにのみ得られるので、他の組み合わせのときは、相加的なケースと変わらない。

こうしたことを考慮して、ゲームの理論で言うところの利得表を作ると、次のようになる（表1）。右側のマトリックスは、モデル3の最単純ケース（グループを構成する個体が2と最小だから）であると言うことができる。

「集団の大多数の個体がその戦略（行動の選択肢）を採用した場合に、異なる戦略を採用した個体はそれに優る適応度を達成すること

表1 適応度の相加的・相乗的相互作用[12]

相互作用の効果が相加的な場合

1 \ 2	C	D
C	(4, 4)	(1, 5)
D	(5, 1)	(2, 2)

相互作用の効果が相乗的な場合

1 \ 2	C	D
C	(8, 8)	(1, 5)
D	(5, 1)	(2, 2)

括弧内の数字の左側が個体1の利得、右側が個体2の利得を示す。

ができない」という意味で侵略不可能な戦略のことを、「進化的に安定な戦略ESS」と呼ぶ。相互作用が相加的な場合には、利得関係が「囚人のジレンマ」の構成になっていることがわかるだろう。ここでは、両者がともに利己的に行動すること——（2, 2）の利得関係——のみが、唯一のESSである。たとえば、両方が協力的な戦略Cをとっているケース（4, 4）のときには、自分の戦略を変える（C→Dと代える）と、より高い適応度5を実現することができる。つまり、（4, 4）のケースでは、異なる戦略（D）の侵略を防ぐことができない。（4, 4）の下では、Dの個体（利己的な個体）が入ってきて、最後にはC個体（利他的な個体）を絶滅させるだろう。（2, 2）のケースは違う。もし自分の戦略をD（利己的）からC（利他的）に切り替えたとすると、適応度を2から1へと下げることになる。支配的な戦略Dとは異なる戦略Cは、明らかに不利である。つまり、この場合には、利己的に行動しない個体は、子孫を残すことができず、やがて絶滅することになる。

これに対して、相互作用が相乗的な場合には、双方が利他的に行動し、協力関係に入ること（8, 8）が、一つのESSになる。戦略

---

12 スミス、同、152頁を改変.

を利他的行動（C）から利己的行動（D）に切り替えると、適応度が8から5に下がってしまうので、（8, 8）の状況の下では、利己的な個体が覇権を握ることはありえないからである。しかし、よく見ると、これは唯一のESSではなく、双方が利己的に行動する非協力関係（2, 2）もESSであることがわかる。つまり、（2, 2）が成り立っている状況では、利他的な個体が入ってくる余地はない。

　したがって、相互作用が相乗的であるような集団は、（8, 8）の相互協力の状態か、あるいは（2, 2）の相克的な状態のどちらかに向かって進化する。確実に利他的な行動が進化するためには、つまり前者の状態へと収束するためには、利他的に行動する個体Cが、あらかじめグループの中で支配的な数に達していなくてはならない。どのような場合に、最初からC個体が多数派を占めるような状況が作られるのか？　仮に、動物の個体は、一般には利己的であるとすると、どのようにして利他的な個体たちが多数派になるなどという、あまりありそうもない状態が実現するのだろうか？　結局、それは、始発点において、近隣個体同士が、血縁度の高い関係にあった、と考えるのが最も自然ではないか[13]。

　こうして、われわれは再び、モデル2に送り返されたのである。要するに、進化論に立脚する限り、理論的には、血縁度の高さが、利他的な行動が発達しうる唯一の究極の原因である。

　利他的な行動は、ハミルトンの不等式が許容するような条件の下で、発達する。ハミルトンの不等式の最も重要なポイントは、進化

13　相加的な場合でも、回りの個体の血縁度が十分に高ければ、相互利他的な行動が生じうる。たとえば、われわれが採用した2個体によるゲーム理論のマトリックスで、相手が全同胞だったとしてみよう。全同胞とは、両親ともに共有している兄弟姉妹のことである。このとき、$r = 0.5$、$c = 1$、$b = 3$なので、$rb > c$となり、利他的な個体が増加しうる。これは、結局、モデル2である。

の方向を規定する「目的関数」を「包括適応度」と見なしていることになる。ハミルトンより前の段階にあっては——ダーウィン以来——、進化の方向を規定する要因は、個体の適応度（個体の繁殖成功＝個体が残す子孫の数の期待値）だと見なされてきた。しかし、ハミルトンは、これに、「直接の子孫以外の近親の適応度に与える影響」を加えたのである。すなわち、包括適応度とは、「ある個体に関した血縁選択の全効果（個体の適応度＋〔直接の子孫以外の〕近親の適応度への影響）」である[14]。社会生物学のアイデアの核心は、この包括適応度という視角にある。包括適応度を前提にすると、動物の利己的な行動と利他的な行動が統一的に説明することができるのだ[15]。

4 遺伝子の利己性

以上に述べてきたように、ハミルトンの「包括適応度」についての理論は、社会生物学の要をなす最も重要なアイデアである。これは、個体の利己性と利他性とを一般的に貫く原理として提起されている。

たとえば、第2節の後半にあげた、一連の利己的な行動の諸事例を思い起こしてみよう。他個体のヒナを食べてしまうユリカモメ、自分の卵以外には断じてあたためまいとしているウミガラス、ある

---

14 Edward Wilson, *Sociobiology*, 1975, p.273.
15 いささか細かいことも述べておこう。ゲームの理論についての、アクセルロッドの有名な研究によると（Robert Axelrod, *The Evolution of Cooperation*, 1984)、利得の配置が囚人のジレンマ型であっても、同一個体を相手にゲームが反復的に行われる場合ならば、協力行動が進化的に安定になりうる。この場合、利他行動は、「しっぺ返し TFT」戦略という形態を採る。しっぺ返し戦略とは、最初は協力的に振る舞い、以後、相手の直前回の行動と同じ行動で対応する（相手の利他的行動には利他的行動で、利己的行動には利己的行動で対応する）戦略である。この場合、協力型が一つの ESS になる。しかし、ここでも、確実に協力型が ESS になるためには、TFT 個体（協力個体）を最初に限界頻度以上に高めておかなくてはならない。つまり、本文で論じたモデル3と同じ前提条件が必要になる。その前提条件は、個体たちが互いに血縁的に近い関係にある場合に（のみ）満たされるだろう。

いは同種の他のオスが受精を邪魔しようとするいくつもの戦略。こうした事例は、包括適応度を高めるような行動のみが進化してくる、とする前提のもとでは、当然、予想されるところのものである。動物個体にとっては、自分自身の子孫を繁殖させるために、たいして血縁関係のない他個体の子の生存や他個体の生殖を排除した方が、言わば「得」――包括適応度の観点からして有利――なのである。包括適応度の理論は、このように利己的な行動を説明できる。

　同時に、前節の形質グループモデルが理論的に示唆するように、包括適応度の仮説は利他的な個体が出現する可能性を示唆するものでもある。個体間の血縁度が高いときには、利他的な行動や個体が出現し、定着することがありうる、これが形質グループモデルから理論的に示唆されたことであった。この理論的な予想は、実際、多くの事実と合致する。

　たとえば、ヤギュウや野生ウマ等は大きな群れを形成し、「敵」に対して集団的に防衛する。つまり、彼らは協力行動によって、敵から身を守る。これらの群れは、通常、血縁集団である。血縁関係のない個体たちが集まって協力しているわけではない。

　ライオンも、オス数頭とメス10頭前後からなる群れを形成している。この群れの約6割は――オスに関して言うと――遺伝的に近縁な個体のみで形成されていることが知られている。またメス同士も、姉妹であったり、従姉妹であったりする。もう少し細部に立ち入っておこう。今、ライオンの群れのオスでは、6割は遺伝的に近い関係にあると述べたが、このことは逆に言うと、約4割のライオン集団は、非近縁の雄を含んでいるということでもある。実は、これは、先のモデル3が適用できる典型的な事例である。同じ集団に所属するライオンのオスたちは、彼らの内部では生殖について

の競争や独占を行わず、そして外部のオスを協力して追い払うという意味で、相互に利他的に振る舞う。ところで、十分に長期間をかけた研究によると、ライオンのオスの繁殖成功度は、集団内の雄の数に——少なくとも4頭に達するまでは——比例する[16]。つまり、ライオンのオスの相互的な協力は、相乗的な効果をもたらすのである。ライオンの集団のオスは、主として近縁個体で形成されているが、半分近くの集団では、若干の非近縁個体を含んでいるという事実は、まず近縁個体が初期の段階で限界頻度以上に利他的な個体を増加させる働きをし、そのような条件のもとでは、非近縁個体もまた利他的に行動した方が有利になる、というモデル3の予想とうまく適合する。

　ジリスは敵が近づいたことを発見すると警戒声を発して仲間に知らせることがある。声を発した者自身は、捕食者に襲われる率が高くなるので、これは自己犠牲的な行為である。ジリスが実際にこのような危険な行動を採るかどうかは、近くに血縁者が多くいるか否かに依存して決まるという[17]。

　このように、包括適応度についてのハミルトンの説によって説明できる事実の例は、いくらでも増やしていくことができる。中でもこの仮説の成功を強く印象づけたのは、アリやミツバチ等の膜翅目に観察される「真社会性」の出現可能性を、理論的に確証してみせたことである。ハミルトンの仮説の系として導かれる「3/4仮説」は、膜翅目でのみ多数回の真社会性への進化が生じたのはなぜか、ということを説明するのである。社会生物学のどんな教科書にも載って

16　スミス、前掲論文、153頁.
17　Robert Trivers, *Social Evolution*, 1985（ロバート・トリヴァース著／中嶋康裕・福井康雄・原田泰志訳『生物の社会進化』産業図書、1991, 132-137頁）.

いる例ではあるが、包括適応度というアイデアの説得力を納得するには格好なので、ここでも紹介しておこう。

「真社会性」とは、①世代の重複、②共同保育、③繁殖に関する分業が存在し、多少とも不妊のカスト（ワーカー）が妊性のカスト（女王）を助けること、という三つの性質をもった集団の性質をいう[18]。「親子」ではない関係に見られる強い社会性なので「真」社会性と呼ばれる。さて、膜翅目のメスは、両親から1組ずつ、合わせて2組の染色体を受け取るのだが（二倍体）、オスは未受精卵から育つため、染色体を一組しか持たない（単数体）。このとき、同一の母（女王）を共有する姉妹同士の血縁度は、3/4となる。すべてのメスは、父親の全遺伝子を継承し、母親の遺伝子については半分を受け取っているからである。姉妹の血縁度3/4は、親子の血縁度1/2を上回っている。したがって、ハミルトンの仮説に従えば、メスは自分の子どもを生むより、姉妹のために利他的に行動した方がより多くの遺伝子を残すことができる。膜翅目でのみ、真社会性が顕著に発達した理由はここにある、というのがハミルトンの仮説である[19]。

＊

以上に概観してきたような社会生物学の基本仮説の含意を、論理的に純化したときに得られるのが、広く知られている、リチャード・ドーキンスの〈利己的な遺伝子〉の理論である[20]。社会生物学の理論の基礎にあるのは、個体の行動を規定している究極の動因は、個体自身の生存や満足度ではなく、遺伝子の増殖・再生産だというア

---

18 Bert Hölldobler & Edward Wilson, *The Ants*, Harvard University Press, 1990.
19 真木『自我の起原』1993、15-16頁、参照。ハミルトンの3/4仮説には、厳密には、まだ理論的にも実証的にも問題が残っているという。たとえば、アシナガバチ類35種のコロニー内血縁度推定値を調べた結果、0.75前後のものはほとんどなかった、という報告もなされている。
20 Richard Dawkins, *The Selfish Gene*, 2nd ed., 1976（リチャード・ドーキンス著／日高敏隆・岸由二・羽田節子・垂水雄二訳『利己的な遺伝子』紀伊国屋書店、1991）.

イデアである。つまり、遺伝子の再生産率を高めることになる形質が、進化の途上で生き残り、発達してくるのだ。動物の行動や資質を規定しているのは遺伝子である。だから個体は遺伝子が生き延び、増殖するための道具に過ぎない。そうであるとすれば、遺伝子が利己的な主体で、自らが増殖することを指向し、それに都合がよいような個体の形質を選択しているかのように思考したとしても、結果的には正しい結論を導くことになる。すなわち、究極の選択の主体を遺伝子であると想定したとしても、進化の方向に正しい予言を与えることができる。

　もちろん、これは、比喩ではある。遺伝子が意図をもっていたり、あれこれ考えたりしているわけではないからだ。しかし、この比喩は、思考の効率性に見合った比喩である。実際には、形質グループモデルが示唆するように、遺伝子の増殖に有利な形質をもった個体が、結果的に多く繁殖する。しかし思考においては、その結果の方を、一種の「目的因」として措定することで、正しい結論を導くことができる。この目的因のことを、「テレオノミー」と呼ぶ。

　テレオノミーとは、「何のために」という問いに対する答えである。この語は、テレオロジー（目的論）という語の神学的な含みを排除するために、ドーキンスによって導入された。真木悠介は、ソバーの selection of（選択 = 淘汰の水準）と selection for（選択 = 淘汰の目的因）の区別を用いて、この語の含意を解説している[21]。第2節に見たように、ローレンツの理論は、淘汰（選択）の水準は個体だが、それを支配する目的因は種〔の繁栄〕にあるとする構図に立脚して

21　真木『自我の起原』1993、83-84頁．太田邦昌「自然淘汰と進化―その階層論的枠組み」日本動物学会編『進化学　新しい総合』学会出版センター、1989、121頁．E. Sober, *The Nature of Selection*, MIT Press, 1984.

いる。それに対して、ドーキンスの理論は、淘汰（選択）の水準は〔主として〕個体だが、しかし淘汰の目的因は、遺伝子〔の自己複製〕であるとする構図を採る。実際に、競争や協力を通じて生存・増殖・絶滅などの選択が生ずるのは、表面に現れる個体の性質や行動においてである。しかし、そうした性質や行動を規定している要因は、遺伝子の方だ。テレオノミーとは、selection for（目的因）の照準点である。社会生物学は、その照準点を遺伝子だとする。

　前章で導入した「否定性」という概念を用いると、利己的な遺伝子という着想について、次のように言うことができる。遺伝子のテレオノミーを仮設することは、遺伝子をめぐる肯定的＝因果的な関係を、「否定性」へと転換させることである、と。遺伝子は、自身の増殖的な自己複製に反するように振る舞うことを予め禁じられていたかの如く見えるからである。しかし、この肯定性から否定性への転換は、真性のものではなく、言わば仮性のもの——見かけだけのもの——である。なぜならば、それは、因果関係を単純に時間に関して反転させて読み換えることから、つまり結果となるべきものがあらかじめ選択されていたかのように（外部観察者が）想定することから得られる、「錯覚」だからである。このような反転が普遍的な説得力を有するのは、もともと、因果関係を支える論理が、トートロジカルな同値関係——「増殖に有利な遺伝子は増殖する」——に基づいているからである。

5　動物の本源的な「社会性」

　遺伝子の利己性は、原則的には、個体の利己性を導くと、しばしば考えられてきた。つまり、遺伝子の利己性と個体の利己性の間には、おおむね順接的な関係がある、と。ドーキンス自身も、多くの

箇所で、事実上、そのように論じている。確かに、〈利己的な遺伝子〉は、個体の（包括）適応度を上昇させるような形質を進化させることになるのだから、個体の水準でも、一種の「利己性」を帰結する、と考えたくなる。〈利己的な遺伝子〉にとっては、特別な条件がない限り、自分の乗り物である個体もまた利己的である方が都合がよいはずだ、と。

　しかし、真木悠介は、〈利己的な遺伝子〉の理論は、むしろ、個体の水準における普遍的な利他性をこそ含意する、ということをきわめて鮮やかに解説してみせた[22]。重要なことは、〈利己的な遺伝子〉の理論が誤っているからではなく、逆に、理論の核となる発想が妥当であるからこそかえって、理論の主唱者であるドーキンス自身の主張すら裏切る、避けがたい論理的な帰結として、このような逆説が生じるということである。

　〈利己的な遺伝子〉の理論の核心的な命題は、個体の形質が遺伝子の自己再生産の蓋然性を高めるような方向に（結果的に）淘汰されていく、ということである。この命題の直接の意味は、すでに述べたように、さしあたっては、進化にとって、個体は究極の「目的」を与えるものではなく、したがって、個体が利己的なものである必然性は必ずしもない、ということにある。なぜならば、個体の行動を規定する究極の動因は、個体自身にとっては外的な要因、つまり遺伝子の自己複製にあるのだから。「表現型－身体──は、…遺伝物質、『遺伝型』つまり遺伝子のためのよくできた使い捨てのコンテナ」に過ぎない、というわけだ[23]。にもかかわらず、ドーキンス

22　真木『自我の起原』1993、27-36頁．この論考は、真木悠介の『自我の起原』への応答としての側面をもっている。この章では、特に、『自我の起原』を頻繁に参照している。真木のこの著作が、われわれの考察の出発点を記し、同時にガイドラインを示唆してくれるからである。

自身もまたその批判者も、〈利己的な遺伝子〉が、原則的には、個体の利己性を基礎づけるものだと見なすのは、なぜだろうか？

真木は、その理由を、「社会生物学一般の『利己／利他』をめぐる言語の空間を、自明化された錯視というべき屈折の作用が走っているから」[24]だと結論する。真木の分析をもう少していねいに見ておこう。社会生物学の常識化された見解によれば、（α）親が自分の直接の子孫の世話をしたり、そのために献身的に自己犠牲にすることは利己的な行動であり、（β）子どもが親の世話をしたり、兄弟姉妹の世話をすること（とりわけ自分は子を生まずに親や弟妹の世話をすること）は利他的な行動である。しかし、（α）と（β）では、「利己／利他」の区別が準拠しているユニットが異なっている。もしユニットを個体に採るならば、αで照準されているような、親の子のための自己犠牲も、利他的な行動と見なされるべきであるし、またユニットを遺伝子に採るならば、βで照準されているような事実も、もともと利他的などと呼ぶべきではなく、〔遺伝子の〕利己的な行動である。つまり、どちらも、〈個体としては利他的／遺伝子としては利己的〉という構造を共有しているのだ。

適応度は、「その個体が次代に残す〔生殖年齢まで育つ〕子どもの数〔の期待値〕」として定義されている。つまり、適応度を定義する際に、その個体の身体を直接に通過する遺伝子セットのみを考慮して、その個体の働きを通じて増殖する他個体の身体を通過する遺伝子セットは除外されているのだ。このような切断は、理論的には意味はなく、恣意的なものである。しかし、この恣意的な切断のた

---

23 リン・マーグリス、ドリオン、セーガン『不思議なダンス―性行動の生物学』松浦俊輔訳、青土社、1993、55頁．
24 真木『自我の起原』1993、31頁、32-34頁．

めに、（α）、（β）のような、一貫性を欠いた定義が導かれるのだ。
　それゆえ、真木は次のように結論する。動物の個体としての身体が、それ自身、自己目的ではなく、それに乗り合わせた遺伝子たちの自己複製のメディアに過ぎないという、社会生物学の合理的な核心自身が、——準拠となるユニットを個体におく限り[25]——、個体の利他性の普遍性をこそ、立証しているのだ、と。そうであるとすれば、個体が、ときに自己目的性（利己性）を獲得して自律化するということは、遺伝子の本来のテレオノミーからの離脱と見なされなくてはならないことになる。つまり、真に困難な理論的課題は、個体の利他性ではなく、利己性の方を説明することにあるのだ。

*

　ここで、今まで直感的に使用してきた「社会性」という語に、われわれの課題の論脈に適合するような形で、定義を与えておこう。ある個体が、他個体の利益にとって正の機能を有するような行動を、自ら選択しているとき、両個体の間には「社会性」がある、と表現することにする。つまり、少なくとも一方向的な〔広義の〕利他性が見いだされる関係が、社会性である。複数の個体が、互いに他個体の利益にとって正の機能を有するような行動を、自ら選択しているときには、それらの個体の間に「強い社会性」が成り立っている、と見なすことにする。つまり、双方向的に〔広義の〕利他的行動が採られているような行動が、強い社会性を帯びた関係であり、それは、また「協調的な関係」と呼ぶこともできる。社会性を帯びた関係が相互に接続して形成されたネットワークを、〔広義の〕「社会システム」と呼ぶことにしよう。

25　真木は、準拠点を個体に求める方が、利己／利他を問うときの実践的な問題意識に適う弁別力を与えることができる、としている。

この定義には、留保を付けておく必要がある。「社会性」の定義は、「個体の利益」に照準して定義されている。個体の利益とは何か？目下の文脈では、さしあたっては、それは、その個体に準拠した場合の「包括適応度の上昇」である。しかし、それだけであるとすれば、遺伝子の関係の水準から離れて、あえて個体の関係の水準で「社会性」を——さらに「利己性」や「利他性」を——定義することの理論的な意味はない。社会性を規定することが独立した理論的な意味を獲得するのは、個体が——遺伝子の主体性から独立した——それ固有のテレオノミーを有する「主体」として規定しうる場合である。

　ある存在者が「主体」として現れるのは、その存在者に選択の作用を帰属させることができるときに限られる。ところで、どのような選択も二重の層位の選択の複合として、完結する。この二重の層位とは、先に selection of（選択の水準）と selection for（選択の目的因）と呼んだものに対応する。その存在者が、選択そのものを現実化する媒体となっている（selection of）ということだけでは、その存在者を「主体」と見なすには十分ではない。その選択が指向している目的因(テレオノミー)（selection for）自体を自ら設定＝選択していると（われわれが）見なすことができることこそが、存在者が「主体」であることの条件である。目的因の選択が、〔選択の〕現実化の水準よりも原理的なのは、前者が後者に前提を与えていて、論理的な先行性(プライオリティ)を持つからである。つまり、目的因が、選択の「価値」を規定しているのである。「何のための選択か」が決まらなければ、何を選択したことになるのか、そもそもその行動を選択と見なすことができるのかも決められない。真木悠介は、選択の遂行される水準になっているという意味での主体性、つまり弱い意味での——あ

るいはむしろ仮性的な——主体性を「エージェント的な主体性」、また選択の目的因を設定しているという意味での主体性、強い意味での——真性の——主体性を「テレオノミー的な主体性」と呼んで区別している[26]。

社会性を帯びた関係が、固有理論的意義を獲得するのは、関係を構成する個体が、以上のような意味で主体性を有する場合である。その場合には、「他個体の利益にとって正の機能を有する行動」とは、厳密には、「他個体のテレオノミーにとって正の機能を有する行動」と置き換えられるべきである。またそのような行動が、（自）個体によって、「選択された」ものでなくては、社会性をもった関係とは言わない。つまり、（自）個体自身が、テレオノミーを有する主体として、その行動を選択していなくてはならない。社会性を帯びた関係においては、諸個体のテレオノミーが順接している——すなわち一方の個体のテレオノミーの実現が他方の個体のテレオノミーの実現にとって正の機能を有している（双方が同時的に有利化する）——ので、そのような関係のネットワークとしての「社会システム」は、全体として眺めた場合に、自己に帰属する統一的なテレオノミーを有しているかのような外観を呈することになる。

ところで、しかし、われわれが、社会生物学の成果に従いつつ、本章の中で展開してきた理論の中では、真の（テレオノミー的な）主体性は、「遺伝子＝生成子」[27] にのみ帰属させることができる。それゆえ、現下の文脈では、個体の固有のテレオノミーを認める理

26　真木『自我の起原』1993、84 頁．廣松渉は、目的と目標を区別している。目標とは、実現すべく企図されている直接の状景であり、目的とは、目標の実現において達成される価値である（廣松渉『存在と意味—事的世界観の定礎』第 2 巻、1993、61 頁）。selection of の層位で直接にもたらされる結果を目標に、selection for の照準点を目的に、それぞれ対応させることができるだろう。

論的な根拠はなく、「個体の利益」を、遺伝子の水準から——つまり包括適応度によって——規定しておくしかない。

　さて、以上の社会性の定義を念頭においた上で、社会生物学の成果は個体の利他性の普遍性をこそ含意している、という結論に立ち返ろう。この結論は、ただちに、次のことを含意する。すなわち、ある範囲までの動物個体の集合[グループ]は、——とりわけ血縁的に近接している個体の集合は——常に社会的である、と。動物個体は、原則的には利己的であり、例外的な場合にのみ社会性を有するという通念は過ちであって、むしろ、遺伝子＝生成子のテレオノミーに規定されている以上は、個体は、社会性を有する関係に内属しようとする傾向性を、その形質（の一つ）として内具させているはずである。遺伝子＝生成子のテレオノミー——包括適応度の上昇——に適合するような範囲で切り結ばれる社会性を、（動物の）「本源的な社会性」と呼ぶことにしよう。あるいは、あえてカギカッコを付して「社会性」と記すときには、動物が有するこの本源的な社会性の水準を指すことにしよう。

6　個体と社会

　生物個体が遺伝子から独立した固有の主体として成立しうるとすれば、まさにそれと相即して、個体の間の関係としての社会性を、

27　「遺伝子」と「生成子」は同じものである。'gene' は、原意に忠実に、「遺伝子」というより、「生成子」と訳されるべきだと真木は論じている（真木『自我の起原』44-45頁）。遺伝子の中には、それがあってもなくても身体に何の変化ももたらさない「無益な遺伝子」がある。つまり、個体にどのような形質をも遺伝しない遺伝子があるのだ。さらに、「個体」という遺伝子の共同体に定住せず、それらの間を漂白する遺伝子も存在する。gene を「遺伝子」、つまり世代間の形質の伝達媒体と解してしまうと、このような「何も遺伝しない遺伝子」や「漂白する遺伝子」を無視することになる。つまり gene を「遺伝子 transmitter」と見なすのは、ほんとうは「個体中心主義」的な見方である。

独自の水準として措定することに意味が出てくる。ところで、ここまでは「個体」が自明の単位であるかのように議論してきた。しかし、生物の個体とは何か、ということは、実は、それほど自明なことではない。

むしろ、われわれは、いったん、個体という単位を「脱構築」しておく必要がある。そうした脱構築につながりうる最もシンプルな例は、地面では別々に別れた異なる草木に見えるものが、地下の根としては結合している場合である。多数の個体と見えていた木々は、単一の個体であった。あるいは、一匹のクラゲのように見えるカツオノエボシは、クダクラゲの群体である。珊瑚は、「固着性群体の進化の絵巻物」（Wilson）と言われる。海綿の集塊は、個体であるとも、群体であるとも見なすことができる。アリやミツバチは、異なる個体が集まって一個の「社会」を形成していると考えるのが普通だが、他方で、利他的に行動する「白血球」を個体と見なすことは少ない。しかし、ハチのメスは個体で、白血球は個体の中の一要素と、両者を分け隔てして扱う理論的な根拠は希薄である。等々。これらの諸事例は、個体が、端的に見分けられる不可分な実体ではなく、個体と（個体の）集合と分かつ境界線は実に曖昧なものであることを示している。

こうした事実を踏まえた上で、真木悠介が論証していることは、個体が相克しまた相乗する遺伝子（生成子）たちの共生系であるということ、しかも、それは、「共生系としての個体」よりさらにミクロな水準から、それを上回るよりマクロな水準へと至る、生物の重層する共生系の中間的な――しかも有期の――層であるということ、これらの諸点である。

今日われわれが目にするような生物が現れるまでには、何度かの

飛躍を含む生命史の経過が必要だった。ラムズデンとウィルソンは、その飛躍を四つに整理している[28]。第一に、自己増殖する原始的な微生物としての生命そのものの誕生、第二に、原核細胞から真核細胞（複雑な細胞）への創発、第三に、多細胞「個体」の登場、第四に、人間精神の誕生。これらの内、生物学者の感覚(センス)では、最も大きな飛躍は、第二の層にあるのだという。原始的な微生物の誕生や、単細胞生物から多細胞生物への転化は、原核細胞から真核細胞への飛躍に比べればたいしたことはない、というわけだ。第四の「人間精神の誕生」は、われわれの論考の主題だが、これが、真核細胞の発生よりも小さい出来事かどうかについては、判断を保留しておこう。人間精神の誕生は、たとえば脳の大型化とか複雑化とかといったような生物学的な現象とは別のことなので、これを、他の飛躍と生物学的に比較することができるかどうかあやしいところだからだ。

　ともあれ、ウィルソンたちが最も大きな飛躍と見なす、原核細胞からの真核細胞の創発に関してのみ、リン・マーグリスの有力説に従って、ごく簡単に見ておこう[29]。原核細胞とは、細胞核をもたない単細胞生物のことであり、真核細胞は、細胞核をもつ単細胞生物である。要するに、前者は、たいした内部構造をもたない単純な細胞であり、後者は、複雑な内部構造を有する細胞である。結論的なことだけ述べておけば、真核細胞は、いくつかの原核細胞の共生体として生まれたのである。真核細胞の主な構成素と、その「先祖」との対応を付けると、次のようになる。

28　Charles Lumsden &Edward O. Wilson, *Promthean Fire: Reflections of the Origin of Mind*, 1983.　松本亮三訳『精神の起源について』1985 →新装版、1990、思索社.
29　Lynn Margulis, *Symbiosys in Cell Evolution*, 1981.（永井進監訳『細胞の共生進化』学会出版センター、1985）.

真核細胞内の要素		先祖となった原核細胞
ミトコンドリア	←	好気性真正細菌
べん毛	←	スピロプラズマ（スピロヘータ）
色素体	←	藍藻（シアノバクテリア）
宿主（核・細胞質）	←	醗酵微生物

　どうして、このような共生が生じたのだろうか？　その最大のきっかけは、「大気汚染」、酸素の過剰という大気汚染である。まず、光合成に水と二酸化炭素を利用する生物、つまり光と水と二酸化炭素からエネルギーと必要な有機物を生成する藍藻が、大成功をおさめ、地表を覆うほどになった。当時の地球環境に見事に適応したこの生物は、しかし、光合成によって酸素を放出するという問題をもっていた。酸素は、当時の地球の生物にとっては毒ガスだったのだ。地球の大気に酸素という毒物が増えていく中で、やがて、酸素そのものからエネルギーをつくりだす、「呼吸」という機構をもつバクテリアが、突然変異によって出現する。最初は、他の生物は、この呼吸するバクテリアの近くで生きることで、大気汚染の危機を乗り越えていた。そのうちに、このバクテリアを自分自身の体内に取り込んでしまう生物が現れる。体内に取り込まれた、呼吸するバクテリアがミトコンドリアである。このようにして、何種もの原核細胞が共生し、ついには単一の細胞へと結合するに至ったとき、真核細胞になるのだ。

　多細胞の「個体」というのは、真核細胞が結合した細胞群である。個体として統一される細胞群は、互いに完全にクローンである――つまりまったく同じ遺伝子を共有している[30]。個体が同種の他の個体たちと分散共生の状態に入ると、「社会」になる。その上で、さま

ざまな生物種の異種分散共生態としての「生命圏」が構成される[31]。これらをまとめると、図2のような階層構造になる。

図2 重層する共生系

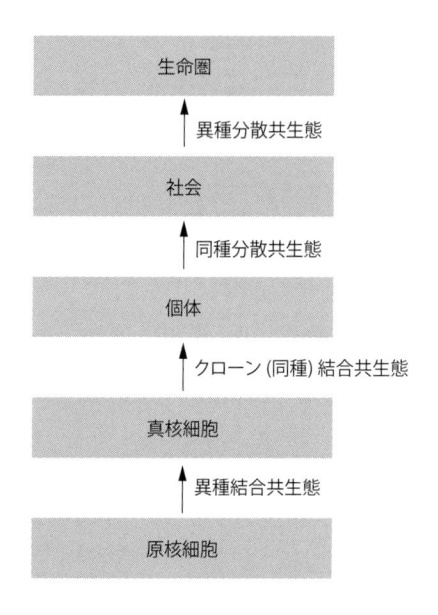

```
        生命圏
          ↑ 異種分散共生態
        社会
          ↑ 同種分散共生態
        個体
          ↑ クローン(同種)結合共生態
       真核細胞
          ↑ 異種結合共生態
       原核細胞
```

*

　以上に述べてきたことの含意は、個体そのものが、真核細胞を構成素とする一種の「社会」だということにある。実際、ハミルトンが定式化したような条件に従う「本源的な社会性」に、原型となるイメージを与えるものは、(真核細胞の結合共生態である)「個体」と

30　さらに、通常、個体の内には、異なる種の生命が寄生・共生している。このことを考慮すれば、個体は、異種生命との連接・結合共生体である。
31　真木『自我の起原』1993、56-73頁．

図 3　変形菌

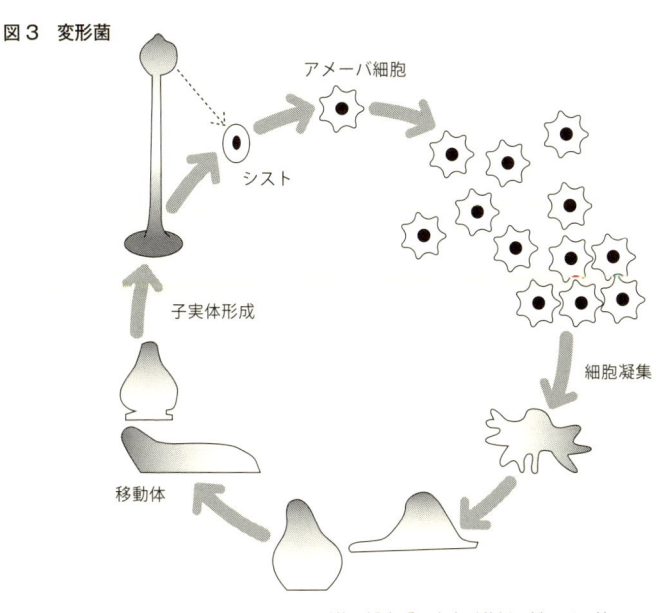

（萩原博光『日本変形菌類図鑑』平凡社、1996 より）

同じ条件の下で結合した群体だということができる。言い換えれば、「本源的な社会性」とは、その構成のための最小限の（必要）条件のみに着眼するならば、紐帯の結合度が希薄化になった個体のようなものだ、と見なすことができる。この点を説明しよう。

真木悠介は、分散態と結合態とをライフサイクルの中でくりかえす変形菌アクラシスの例を引用している[32]。アクラシスは、単細胞体アメーバとして分散しているときもあるし、環境条件が過酷になった場合など、アメーバが寄り集まって一個の多細胞体を形成するときもある。多細胞体は、一部が子実体となり、一部が茎部となる、

32　真木『自我の起原』1993、63 頁. ウィルソン『社会生物学』1983·85、810 頁.

といったような内的な分化を伴っている。それは、茎部に閉じ込められ、そのために「子孫」を残せない一部の細胞の利他的な行動によって可能になる。アクラシスの事例は、個体を構成する原理と社会を構成する原理との類比性を予想させる。ウィルソンの推定によれば、アクラシスのアメーバ相互の血縁度は常に非常に近いというわけではない。血縁度が必ずしも高くないアクラシスでさえ多細胞化するのだから、まして、血縁度が最高であるクローン細胞同士ならば、もっと簡単に多細胞化しただろう。

ハミルトンの集団遺伝学が定式化した、利他性進化の条件式は、すでに見たように、$br > c$ である。ここで、r（血縁度）は、利他性の発生のし易さの指数だと言うことができる。その極大値は、もちろん、1 である。このとき、条件式は、単純に $b > c$ となる。この式は、利他性の発生にとって、言わば、理想的な条件を表現している。このような条件は、個体同士が完全に遺伝子的に同一であるとき、つまり互いが互いのクローンであるときに実現する。ところで、多細胞「個体」は、クローン細胞群によって構成されている。つまり、多細胞「個体」の細胞群は、利他性発生の理想的条件の下にあるわけだ。

条件式の r が極小値、つまり 0 に近づくに従って、利他性の発生は困難になる。$1-r$ が、理想的な条件からの距離を表している。ハミルトンの不等式が表現している社会性は、それゆえ、個体結合の基底的な制約（必要条件）が〔多細胞〕個体を可能にした条件と同じ条件を理想的な極とするような「社会性」であることになる。つまり、要素の集合が結果的に「個体」として現象するほどまでに要素間が親和的であるときに、理想的な実現をみるようなタイプの社会性が、本源的な社会性だということができる。

実際、「真社会性」の昆虫であるアリやミツバチの社会は、社会生物学的な見地からすれば、高度な利他性を発揮するわけだが、それらの個体は、すでに見たように、通常の——たとえば哺乳類の——「社会」を構成する個体よりも、互いの遺伝的な類似度が高い。それゆえ、アリやミチバチの社会をそれ自身、超個体と見なすべきだという人すらいる。アブラムシの群の場合は、もっと徹底しており、彼らは、単為生殖によってメスの遺伝子をすべて受け継ぐため、完全なクローンである。兵隊アブラムシは、一般アブラムシのために完全に利他的に行動する。アブラムシの群の場合は、単に空間的に分散しているという外観上の相違を別にすれば、ほとんどそれ自体一個の個体である。兵隊アブラムシの等価的な代理物として、多細胞個体は、たとえば、抗原（外敵）と闘う白血球を持つのだから[33]。

　要するに、本源的な社会性を規定する条件は、多細胞「個体」を可能にした条件の個体間への類比的な拡張なのである。本源的な社会性をもたらす必要条件は、多細胞の「個体」の必要条件と、質的に異なるものではない。後者は前者の特殊ケース——ハミルトンの不等式で $r=1$ となるケース——である。

　ところで、われわれの本来の課題は、人間的な——今は粗雑にこのように形容しておく——社会性の起源であった。それは、本源的な社会性の直接の延長として、理解することができるのだろうか？　言い換えれば、人間的な社会は、多細胞の生物個体を可能にした原理の、さらなる拡張——動物の「社会」を経由したもう一段階の類比的な拡張——と見なすことができるのだろうか？　人間的な社会性は、——あらかじめ述べておけば——、本源的な社会性からの、

---

[33] ドーキンス『利己的な遺伝子』462頁．

つまり個体のような「社会」からの単純な類比によっては捉えることができない。つまり、ここまでに見出してきた「社会」=「個体」の必要条件とは、根本的に異なるものが、人間の社会には必要になる。この点については、次章で論じることにしよう。

7　思想のもう一つの戦場

　人間的な社会性の特徴を剔出する作業に着手する前に、少しばかり回り道をして、ここまでにごく簡単に概観してきた生物学の諸説と、現代の思想的な潮流との、同型的な対応を確認しておくのも、おもしろい。

　われわれは、ローレンツ流の動物行動学から、ハミルトン／ドーキンス流の社会生物学への転換を眺めてきた。ローレンツの動物行動学の思想上の対応物は、「構造主義」である。敢えて暴力的な単純化を施せば、(レヴィ＝ストロース流の) 構造主義が見出したことは、人々が、それとして意識することなく、社会的な全体に帰属させうる、ある「論理」に従ってしまっている、ということである。その論理のことを、構造主義は「構造」と呼んだ。生物個体の行動が、「意識」することなく、種という全体の論理に従属している、とするローレンツの説明は、構造主義の説明と同型的である。ここで、ローレンツと構造主義の間の直接の影響関係を問題にしているわけではない。フーコーは、古典主義時代の知のさまざまな領域（一般文法、博物学、富の分析）が、同じエピステーメのタブローを共有している、と分析している。これと同じように、ローレンツと構造主義は、おそらく知の同時代に属する、同じ図式を共有しているのである。

　それでは、社会生物学は、どのような思想的な潮流と同時代的なのか？　太田邦昌によれば、〈利己的な遺伝子〉の理論は、決して、

特別に新しいものではなく、ダーウィニズムの直接の継承である[34]。つまり、それは、近代（19世紀）の学である進化論の正統的な伝統に連なっている。しかし、見てきたように、それは、伝統を徹底化させることで、逆説的な転回をも含意しているのである。ダーウィニズムの古典的な伝統は、（個体の水準で定義された）適応度を排他的に上昇させるために、生物個体が、利己的な争いに参加している、とする構図を提起してきた。つまり、進化における、選択＝淘汰の究極の主体を、個体の水準に見ていたのである。それは、生物学における個体主義に立脚している。この着想を徹底化しようとして、現代の社会生物学は、個体の利己性そのものを規定する条件を探ろうとした。そうして見いだされたのが、遺伝子の利己性である。しかし、このような条件を措定したとたんに、それによって帰結するはずの個体の利己性は理論の内から破棄されてしまい、個体の利他性こそが、かえって立証されてしまったのである。つまり、個体主義は、その徹底化によって、逆に止揚されたのだ。

　思想の内部では、これと類似の転回を、たとえば現代の自由主義(リベラリズム)の内に見ることができる。ここで念頭に置いているのは、ロールズ、ノージック、ドゥオーキン、セン等によって、担われている自由論の潮流である。これらの論者の間の激しい議論の応酬が示しているように、彼らの間に明確な合意があるわけではない。しかし、その論争の客観的な力によって不可避に押し進められてしまう思想の運動は、社会生物学が客観的に示唆してしまった逆説と似たような方向を指し示しているのだ。

　現代自由論の始発点を画すようなモニュメンタルな業績（ロール

34　太田邦昌「自然選択と進化―その階層論的枠組み」「社会性進化の素過程」日本動物学会編『進化学　新しい総合』学会出版センター、1989.

ズの『正義論』、アローの社会的選択理論についての研究、センのリベラル・パラドックスの証明、等）は、1960年代末期から70年代初等に属する仕事である。その時期は、おおむね、社会生物学の始発点の時期と重なっている。と同時に、それは、構造主義の誕生期よりは遅いが、しかし、その隆盛期と時代を共有してもいる。にもかかわらず、自由論の担い手たちは、構造主義を批判したり、それを正面から乗り越える、ということに対して関心を持たなかったようだ。この点では、社会生物学がローレンツ流の動物行動学に対する批判の意図を明確に持っていたのと、異なっている。

構造主義やさらにそれに後続したポスト構造主義が、近代を規定する基本的な発想を全的に否定してしまおうとする意志に貫かれているのに対して、自由主義は、ロック以来の近代の正統を直接に継承する。そのため、自由主義は、構造主義やポスト構造主義に比べて、十分にラディカルではないかのような印象を与える。しかし、それは、構造主義／ポスト構造主義が、一挙に到達しようとした——そして挫折した——「外」への通路を、内側から穿つようにも見えるのだ。

ここで念頭に置いている自由主義の発想を一般的に定義することは、難しいし、またこの論考の課題でもない。だが、少なくともその最低限の条件として、個人に帰属する自己決定権（主体性）を最高度に尊重するという意味での個人主義を挙げておくことはできるだろう。その厳密な内容は、センの「条件L」が特定している。条件Lとは、あらゆる個人に対して、少なくとも一つは、社会的な干渉を受けずに、自分勝手に選択できることがなくてはならない、という条件である。もちろん、この種の個人主義は、近代という社会を構想する「理念」の中核的要素でもある。だが、自由主義者た

ちがこれまで継続してきた論争は、この理念を徹底した場合の逆説を示唆しているように見える。

たとえば、ロールズの議論に対する、ハートやセンの反論を追尾してみれば、このことを予感することができるだろう。ロールズは、『正義論』で、「自由で合理的な人々」は、原初状態において、必ず、彼が言う「正義の二原理」を選択するはずだ、と推定する。原初状態とは、自らがどの社会のどの階層に所属しているかということについて「無知のヴェール」を被ること、つまり自らの社会的なアイデンティティに関して全く空白な抽象的な個人へと還元されることを意味する。原初状態にあって、人々は、一切の具体的な社会的関与（コミットメント）から離脱しているのである。それは、社会構想に関して、利害関心に拘束されない全能な主体性を、諸個人に付与することに等しい。このとき、人々は、諸自由を尊重する憲法を採択し、自由主義の理念に立脚した社会が構想されるだろう、とロールズは推論する。正義の二原理の内で最も重要なもの（第一原理）は、「平等な自由の原理」である[35]。ロールズによれば、自由は自由のためにのみ制限されうるのであって、他の諸利益によって制限されるべきではないのだ[36]。

ハートは、この「自由の優先性」という前提は完全には維持しえないとして、ロールズを批判する。ある自由（たとえば「発言の自由」）と別の自由（たとえば「すきなときに歌を歌う自由」）とが衝突しているような場合に、「自由の優先性」の前提だけからでは、どちらの自由を優先し、どちらを制限すべきか決定することはできない。自

---

35 John Rawls, *A Theory of Justice*, 1971（川本隆史・福間聡・神島裕子訳『正義論』紀伊國屋書店、2010）.
36 John Rawls, "The Priority of Right and Ideas of Good," *Philosophy and Public Affairs*, Fall 1988, Vol.17-4.

由の衝突を解決するためには、自由とは異なる観点、つまり「利益」の観点が前提されなくてはならない。つまり、個人の自由な選択を越えたものとして、何が社会にとって利益であるかについての判断が導入されなくてはならないのだ。

この観点をさらに前進させ、より慎重に精緻化したのが、センである。センは、自由は、「社会的コミットメント」であると述べる[37]。厳密な理路を省けば、センの議論の要点は、次のこと、すなわち自由は、社会的な関係から原子論的に分離した個人の選択の可能性としてではなく、社会的な相互依存性の所産として、あるいは相互依存性の裏側として把握しうる、ということである。このように自由を把握し直すならば、たとえば、ロールズとハートの論争が照準したアポリアも、「(ある人の)自由と(他の人の)ニーズの相互連携性」の問題として定式化しなおし、解決を図ることができるだろう[38]。

自由主義は、社会の個人に対する先行性を独断的な前提とする構造主義の対極に論陣を張っていた。つまり、それは、個人の還元不可能な自己決定性といういかにも近代的な理念を、根本的な前提として選択した。だが、そのことを通じて、自由主義は意外な場所に、つまり個人の自由と社会的な依存性とが等根源的であるということを示唆するような場所に、到達しようとしているのだ。それは、構造主義とは異なった仕方で、社会性の領域を発見したのである。

さて、以上の、ロールズから、ハートを経由して、センへと受け継がれていく流れは、社会生物学の転回と構造的な同型性をもっている。このことは、社会生物学の着想を説明するために使用した「形

---

37 Amartya Sen, *Inequality Reexamined*, 1992(池本幸生・野上裕生・佐藤仁訳『不平等の再検討―潜在能力と自由』岩波書店、1999).
38 センについては、川本隆史『現代倫理学の冒険―社会理論のネットワーキングへ』創文社、1995 が有益。

質グループモデル」をあらためて想起すると、理解しやすい。モデル２が示しているように、遺伝子の利己性を想定するということは、グループが非ランダムに分けられていると見なすことを含意する。もう少し厳密に言えば、それは、グループの内部における個体の利益の正の相互作用が――単なる偶然的なグループ分けによって生ずるものよりも――高くなるように、グループを分割することを含意している。したがって、遺伝子の利己性に個体の行動の選択が依存していると見なすことは、個体の「自由」を、グループ内の個体の〔普通よりも〕強い相互依存＝社会的コミットメントの所産と見なすことに相当しよう。これに対して、最も単純なモデル、つまりモデル１は、個体間の積極的（肯定的）な相互作用を認めない、原子論的な個体主義を表現している。モデル１からモデル２への転換は、つまり、個体の単純な利己性を仮定するモデルから、個体の普遍的な利他性を表現してしまうモデルへの転換は、自由主義者の論争が示唆している方向の、生物学における表現である。言い換えれば、生物学という領域が、思想のもう一つの戦場ともなっているのである。

　この後のわれわれの議論は、生物学と密接に連動している思想の戦場をさらに拡大するものになるだろう。

第4章 〈社会〉の起原へ

1 人間的な社会性

リチャード・ドーキンスは、次のように言っている。

ある人にとって、もしある特定の人が確実に自分の一卵性双生児であれば、彼はその双生児の幸福に、自分自身の幸福とまったく同様の関心を抱くにちがいない[1]。

これは、包括適応度の理論の論理的な帰結である。一卵性双生児の間の血縁度は1だから——つまり遺伝子のレベルでは一卵性双生児にはまったく区別がないから——である。包括適応度の理論から予想されるところに従えば、（多細胞）個体の内の細胞同士がいわば自己犠牲的に互いに協力しあうのと同様に、一卵性双生児は互いに利他的に助け合う傾向を発達させているはずだ。前章で述べたように、包括適応度の理論に立脚した社会生物学が説明しうる「社会」（本源的な社会性）とは、拡張された個体とも呼ぶべきものであった（第3章6）。言い換えれば、「社会」は、内的な紐帯の強度を小さくした個体のようなものである。紐帯の強度が小さくなるのは、「社会」を構成する単位である個体の間の血縁度は、一般に、個体の中の細胞間の遺伝子的な類似度よりも小さくなるからである。しかし、一卵性双生児の場合には、互いが完全なクローンなのだから、社会生物学の理論にしたがえば、理想的な「社会性」を発揮するだろう。ドーキンスは、こうした推論に基づいている。

しかし、自己の幸福への関心と他者（他個体）である一卵性双生児の幸福への関心は、「まったく同様」と言いうるのか。真木悠介

---

1 ドーキンス『利己的な遺伝子』93頁.

にならって、われわれもまた、ドーキンスのこの部分に関して、こう反問せざるをえない。

　人間の場合、自己の利益や幸福が一卵性双生児の利益や幸福よりも優先的に重要である、ということの方が、圧倒的に常態なのではないか。ドーキンスもこの点を認めており、「私は私にとって彼（一卵性双生児）以上の価値がある」としているのだが、その論拠が、再び社会生物学的なものである。つまり、彼が私と同じ遺伝子を100％もっているということは単なる可能性に過ぎないが、私が自分の遺伝子を100％もっているということは、必然的なのだから、と。しかし、自己の利益の重要性と双生児の利益の重要性の間に一般に見られる相違は、遺伝子の同一性についての確実度指数の落差に還元できるだろうか。たとえば、一卵性双生児の一方が、自分の兄弟姉妹よりも、誰か別の他者を愛し、後者の幸福や生存により一層の価値を置くということは、決してめずらしいことではあるまい。それどころか、まさに一卵性双生児として育てられてきたがゆえに、かえって両者の間に強いライバル心が芽生え、相手を殺害したいほど憎むというような場合も、決して想像不可能な事態ではないだろう。

　以上から示唆されることは、次のことである。すなわち、人間の集合が現出させる社会性は、本源的な社会性を支配する原理とは独立した——少なくともそうした原理と完全には同一視することはできない——機制にしたがっているに違いないということ、これである。本源的な社会性の原理に従えば緊密で調和的な連帯が見出されてしかるべき個体間の関係（たとえば兄弟姉妹や親子の関係）に、深い断裂が走っている場合もある。逆の場合もあるだろう。本源的な社会性の原理に基づくと何らの連帯も生じえないような個体たちの

間に、高度に利他的な行動が発現するということもあるに違いない。

　この「逆の場合」に対応する事例を見出すことは容易である。すでに確認したように、本源的な社会性は主要には血縁の濃度に立脚して確立される。だが人間は、地域社会や企業、学校などの集団に深い帰属意識をもち、これらの集団の利益のために献身的に奉仕することもある。これらの集団の境界は、ほとんどの場合、血縁度とは関係がない。

　人間の場合も、――普遍的に見出され他の諸集団の形成の前提になっているという意味で――基礎的な集団は、血縁的な原理を核として構成されているように見える。たとえば民族(ネーション)を、そして何よりも家族をはじめとする親族集団を、そのような基礎的な集団に数えることができるだろう。だが、ネーションやエスニック・グループは、当事者たちが抱く幻想的な自己理解に反して、血縁的な近接性とはあまり関係がない。確かに家族は、血縁度と包括適応度に非常に強く規定されているように見える。しかし、一卵性双生児についての考察が示唆しているように、その家族ですら、少なくとも人間の場合は、しばしば、本源的な社会性の領域とは異なった境界区分にしたがって連帯と葛藤を呈することになるだろう。

　われわれの探究の主題は、人間的な社会性の始源にあった。今や、固有に「人間的」な水準にあるかどうかを判別する、外的な基準を得たことになる。人間的な社会性とは、本源的な社会性との差分において定義されるような、つまり本源的な社会性に対する過剰もしくは過少によって定義されるような社会性である、と。この定義は、まだ、人間的な社会性がどのような内的なメカニズムによって形成され、維持されているかということについては、何も語ってはいない。ただ、本源的な社会性かそこから逸脱した人間的な社会性かを

外から判別するための尺度を与えているだけだ。

　本源的な社会性の水準に還元し尽くすことができない、社会性のもう一つの層位が、確かに存在する。このもう一つの層位でこそ、本来の社会性が獲得される、と言うべきであろう。というのも、ここで初めて、社会性の領域に、真の他者が包括されるからである。本源的な社会性、つまり「社会」は、「個体」からの類比によって把握しうる集合であった。それは、個体間の差異性ではなく、基本的には（血縁的な）類似性によって結合している（協力的な関係を持続させる）。人間的な社会性の水準に至って初めて、（血縁的な）類似性の限界を越えた異和性を包括するような集団が現れる。あるいは人間的な社会性において初めて、他者（他個体）の類似性ではなくむしろ差異性の方に反応して、積極的に結ばれる関係が現れるのである。本章の後半で、われわれは、類似性の契機が最も顕著であるはずの親子（母子）の間においてさえも、人間にあっては、差異性（距離）の契機が基底にあるということを確認することになるだろう。

　あらためて、人間的な社会性についての外的な定義を確認しておこう。あらゆる動物に通底する本源的な社会性の水準から区別された、この固有の社会（性）を、つまり人間的な社会（性）を、〈社会〉〈社会性〉と表記しておく。本源的な社会性を意味する「社会（性）」と区別するためである。〈社会性〉の存在を確認する、外的な判定基準は、次の通りである。複数の個体の間に、包括適応度から予想される程度を越えた〔あるいはそれを下回る〕過剰な〔過少な〕、一方的あるいは双方向的な正または負の関係が見出されるとき、それらの間には〈社会性〉がある。ここで、正の関係とは、ある個体が他個体のテレオノミーに正の機能を有するような行動を選択してい

る関係であり、負の関係とは、ある個体が他個体のテレオノミーに負の機能を有する行動を選択している関係である。双方向的な正の関係とは、たとえば合意された交換のような個体間の調和的関係である。双方向的な負の関係とは、競争、紛争であり、さらには個体間の分裂である。負の関係は、しばしば他個体（や他集団への）攻撃行動として現れ、その極限は、他個体（あるいは他集団）の殺害である。ベイトソンは、人間のコミュニケーションが、双方向的な正または負の関係の極端へと漸近していく傾向があるとして、関係の二つのパターンを「分裂生成(シスモジェネシス)」の名のもとに統一的に把握しようとしている[2]。

〈社会〉の定義に関して、いくつかの留意点を述べておこう。第一に、最終的に表現された形態が正〔または負〕の関係であるとしても、その関係自身が、潜在的な逆の負〔または正〕の関係によって支持されている、ということもありうる、ということを忘れるべきではない。たとえば、双方向的な負の関係が引き起こしうるあまりに悲惨な結果を恐れて切り結ばれた平和――たとえば「冷戦」の下の平和――は、双方向的な正の関係だが、負の関係（葛藤）を潜在させてもいる。つまり、関係自身が、重層的な複雑性を備えている場合があるのだ。

第二に、――非常に重要なことだが――、集合の水準で本来の社会性が成立するのに並行して、個体の水準では本来の主体性とも呼ぶべきものが成立しているはずだ。他個体への過剰な利他的奉仕や過剰な利己的攻撃が見出されるのは、遺伝子（の利己性）に還元することができない、個体水準の利己性・利他性が発生しているから

---

[2] Gregory Bateson, *Naven*, 2nd ed, Stanford University Press, 1958.

である。つまり、このとき、個体が、自身の選択の目的因を、遺伝子に直接に規定されることなく、自ら独自に設定していると見なさざるをえない。〈社会〉においては、個体は、自身が所有する遺伝子（と同一の遺伝子）の存続ということとは別に、ときにはそれに反してさえ、自身の生の幸福や不幸、快楽や苦痛を独自に追求しているのである。〈社会性〉は、〈主体性〉（テレオノミー的な主体性）の反面だということができるだろう。この〈主体性〉を可能なものとする条件こそ、第2章で論じた〈原的な否定性〉である。〈原的な否定性〉が、固有の意味での選択をもたらすからである。われわれは、〈社会〉と〈原的な否定性〉の双対性をここでもう一度確認したことになる。

　さて、われわれの探究の目的は、次のようなものに特定された。本源的な社会性の水準に見出される直接の傾向性にときには抗してまで析出される、〈社会性〉の差分が、いかにして可能だったのか、と。〈社会〉という——本源的な社会性に対する——余剰の起原は、どこにあるのか、と。

2　理不尽な生存

　しかし、われわれは、〈生成状態の人間〉を捉えなくてはならないのだった。第1章で、そのように論じた。〈生成状態〉において〈人間〉を認識するということは、少なくとも次のことを含意している。〈社会〉は、人間の水準において突如として一足飛びに現れたわけではなく、人間に近い動物の中にすでに萌芽的に孕まれているはずである。つまり、人間的な社会性は、——形容矛盾に聞こえるかれしれないが——動物においてすでに始まっている。動物から人間への連続の中に、〈社会〉の起原を見定めなくてはならない。〈社会〉は、

動物から人間へのダイナミズムの中にあるはずだ。

しかし、このように方針を立てたときには、ひとつの理論的な問題に逢着する。包括適応度の概念を中核におく利己的遺伝子の理論には、ほとんどトートロジーに近いような論理的必然性がある。そうであるとすれば、包括適応度の規定からの逸脱などありえないはずではないか？　包括適応度の概念を前提にしつつ、それからの差分によって定義された〈社会〉などありうるのか？　〈社会〉の発生を説明するための準備として、この問題について考察しておく必要がある。

一般に、生物学は、進化を、生物有機体たちが自然環境への（包括）適応度をめぐって互いに競争しあうゲームのように描いている。しかし、こうした描写が有意味なのは、環境がスタティックで、不変の場合ではないだろうか。少なくとも、適応度をめぐる競争という、こうした描写が最も適合的なのは、生物有機体がそれへの適応を目指している環境そのものは固定されている場合である。もし環境そのものが大きく変化してしまえば、何が適応的なのか、という内容もまた変化する。このとき、「適応度が高い形質をもつ生物が生き残り、増殖する」という命題は空疎なものになるだろう。「適応度の高い形質」が何であるかが、実質をもったものとして定義できないからである。

たとえば、ボールゲームをやっているとして、先ほどまでは野球だったのに、途中からサッカーに変わっていたらどうだろうか。どちらにせよ、「ボールゲームが得意な人が生き延びる」という命題は成り立つのだと言えなくはないが、その命題にはほとんど内容はない。「ボールゲームが得意である」ということの意味が、最初は、野球が得意だということ、つまり小さなボールを正確に速く投げた

り、そのボールを棒で打ったりする能力を指していたが、それがいつの間にかに無価値なものとなり、代わって、足でボールを正確に蹴る能力等になる。このとき、もはや、ボールゲームへの適応度をめぐる競争という描写に意味はない。ある特定の能力をもったアスリートがこのゲームに適切かどうか、彼または彼女が正選手にふさわしいかどうかを判定できる、「適応度」という概念がまったく機能しないからである。生物たちが置かれている環境が激変するということは、野球からサッカーへとルールの根幹が変化するようなものである。

　これはただの想像ではない。実際、生物が誕生してからのおよそ40億年の時間の中で、地球環境は何度も劇的に変化してきた。ときに、その変化の幅は、野球からサッカーへの切り替えどころではない。たとえば、生命が誕生して間もない頃には、直径が100キロにも及ぶような巨大隕石が地球に衝突し、地球は、全海洋が蒸発してしまうほどの火の球と化したことがあったという。むろん、これによって、このときまでに誕生していた生物はほとんど絶滅してしまったが、地下深くにいた微生物だけは生き延びたと考える学者もいる。いずれにせよ、隕石の衝突で、それまでの環境への適応度がまったく無意味なものになったことは確実だ。

　こうした大規模な環境の変化は、生命の進化史の初期にだけ見られるわけではない。地質学的な証拠から、隕石衝突のときとは逆に、地表が完全に凍結してしまうほどの寒冷化が、少なくとも2回はあったと考えられている。1回目は、およそ22億年前で、2回目は6億年前のことである。原因については諸説があって、はっきりしない。前者の全球凍結に関していえば、前章で言及した、酸素発生型の光合成をおこなう生物の登場がきっかけになっている可能

性が高い[3]。いずれにせよ、これほど過激な環境の変化にもかかわらず、生命が完全に消滅することはなかった。だから、今日の「われわれ」がいるのだ。しかし、これが適応のゲームのトータルな変更であったことは間違いない。

　生命誕生以降の地球の歴史の中には、ほかにも大きな環境の変化が何度もあった。こうした変化は、多くの種を、というよりほとんどの種を絶滅させてしまう。野球が上手ならば生き延びることができると思ってみんな頑張ってきたのに、「今日からはサッカーだ」とされてしまえば、ほとんどのプレイヤーはなすすべもなくゲームから身を引くしかない。進化論は、一般に、生き残りを説明することに力点をおいている。生存する「適者」が備えていた条件は何か、と。しかし、今述べたように、40億年の地球の生物の歴史の中で、99.9%の種は絶滅してきた。進化は、生き残りの歴史というより、むしろ、圧倒的な絶滅の反復である。

＊

　だから、古生物学者のデイヴィッド・ラウプは、「絶滅」の方から進化を考えるというきわめてユニークな試みに挑戦している[4]。進化論をいわば裏側から捉えているのだ。だが、生物の歴史の大半が「生存」ではなく、「絶滅」によって占められていることを思えば、むしろ、絶滅を基準に据える方が、生物の歴史を正面から見ること

3　当時、地球の大気には大量のメタンが含まれていた。メタンには、二酸化炭素どころではない圧倒的な温室効果があり、地球を温暖に保っていた。しかし、メタンは酸素と反応しやすい。光合成によって酸素が大量に排出されたとき、メタンと酸素の反応が急激に進んで、大気中のメタンを消滅させてしまった。メタンの温室効果を失った地球は、言ってみれば真冬にコートを失ったような状態になり、急速に寒冷化し、ついに地表全体が凍結するまでになった。これが、22億年前の全球凍結のひとつの説明である。定説ではない。
4　David Raup, *Extinction: Bad Genes or Bad Luck*, W. W. Norton & Company, 2002. ラウプの説については、吉川浩満より多くを教えられた。

だと評価することができるだろう。ラウプによると、絶滅のシナリオには三つのパターンがある。「生き残り」に焦点を当ててきたこれまでの進化論の中で理論的な説明を与えられているのは、実質的には、この三つのうちの一つだけである。

　第一は、ラウプが「公正なゲーム fair game」と呼んでいるシナリオである。同時に生存している他の種に比べて、あるいは後から出現してきた新しい種と比べて、繁殖戦略上で有利な遺伝子をもっていた種が生き残り、不利な遺伝子をもっていた種が絶滅するというシナリオが、これである。われわれが進化論としてイメージするのは、このシナリオであろう。そして、実際、進化論の中で、きちんとした理論的な役割を与えられているのは、このシナリオのみである。

　第二のシナリオは、「弾幕の戦場 field of bullets」と呼ばれる。このシナリオでは、生物が絶滅するか生き延びるかを決定する基準は、その生物が、適応的な遺伝子や形質をもっているかどうかということとはまったく関係がない。純粋に「運が悪い」生物が絶滅するのだ。たとえば、都市に無差別的な空爆がなされたとき、爆弾にあたって死ぬ人と生き延びる人との間には、いかなる意味でも優劣の差はない。生き延びた人が、特に「適応的」だったわけではなく、ただ運がよかっただけである。生物に関しても、これと同じことが起こる。しかも頻繁に。

　たとえば、恐竜を絶滅させたことでよく知られている、白亜紀末期（6500万年前）の天体（隕石）の衝突のことを考えてみよう。このときの衝突のエネルギーは、広島型の原爆の10億倍だった、と推定されている。海水は一挙に蒸発し、岩盤まで気化した。このとき、地球へと衝突してきた隕石の落下地点の近くにたまたま生存し

ていた種ほど、絶滅した確率は高かった。これと同じようなことは、地球の歴史の中には何度も起きたらしい。地球と他の天体との衝突だけではなく、火山の噴火や大地殻変動等に際して、たまたま、過酷な場所に住んでいた運の悪い種が絶滅したのだ。

　以上の二つのシナリオは、まったく対照的で、両者を弁別することは容易である。絶滅（／生存）が選択的であるかどうかを見ればよいのだ。弾幕の戦場では、選択性がまったくない。無作為抽出（ランダムサンプリング）のようなもので、いくつかの生物は、基準もなく殺されるのだ。それに対して、公正なゲームでは、生物が内在させている遺伝子が環境に対して適応的であったかどうかが勝負を分ける。つまり遺伝子が繁殖戦略の上でどの程度適応性があるかということが、選択の基準を与えるのだ。

　絶滅や破局のシナリオは、この二つに尽きるように見える。何かの選択性が効いているか効いていないかは、互いに排他的であると同時に、それらを合わせれば論理的に可能なパターンは尽くされるのではないか。そのように思える。ところが、ラウプによれば、このどちらにも収めることができない、いわば二つのシナリオを横断する、第三の類型があるのだ。これが厄介である。

　第三のシナリオを、ラウプは、「理不尽な絶滅 wanton extinction」と呼ぶ。これは、ランダムに絶滅したり生き延びたりという運命が分かれたわけではなく、ある種の性質を有する生物だけが生き延びる傾向があるという意味では選択性が働いているが、普通の意味で「環境に適応しているから」とは言えないようなケースである。実は、これこそ、先ほど述べた、ゲームそのものが変わってしまう場合、野球からサッカーへと切り替わってしまう場合にあたる。生物の例にそって、具体的にみておこう。

先ほども例にあげた、白亜紀の天体衝突の後、大量の塵が宇宙空間にとどまり、地球へと降り注ぐはずだった太陽光を遮ったため、「衝突の冬」と呼ばれる、地球的な規模の寒冷化がおとずれたとされている。このとき、多くの生物種が死滅したが、珪藻類は生き延びた。どうして珪藻類は、ほとんど太陽光が来ない地球で絶滅しなかったのか。珪藻類は、湧昇流（海洋の深いところから浅い層へと湧き上がってくる海水の流れ）とともに巻き上げられる栄養分によって生きている。この流れには、季節性があるため、珪藻類は、湧昇流がやってくる季節だけ成長・増殖し、湧昇流がなくなる季節には休眠する仕組みを備えていた。この休眠の能力が、日光のない「衝突の冬」をやり過ごすのに適していたのだ。珪藻類は、いわば、非常に長い衝突の冬の間、冬眠していたのだ。

　これが、前の二つのシナリオとどう違うのか。冬眠の能力が環境に適応的だったと解釈すると、第一のシナリオに回収できるように思える。しかし、珪藻類の冬眠の能力は、天体衝突に備えて進化してきた性質ではない。それは、もともと、湧昇流の季節的な変動に対応して進化してきたものである。ゲームのルールが偶発的に変わってしまったのだが、たまたま、前のゲームのために発達させていた能力が、後のゲームでも役立ったのである。こういうやり方で勝利者が決まったとき、われわれは、これを「公正なゲーム」だとは感じないだろう。「珪藻類は適応的な性質をもっている」とは言えない。そうではなく、ルールの変更の後に遡及的に、珪藻類は適応的だったと見なされるのだ。

　先に例として挙げた、巨大隕石衝突を生き延びた、地下の微生物のケースもまた同じようなラインで考えられる。この微生物の生き残りは、「弾幕の戦場」のひとつとも解釈できるが——隕石が衝突

したとき地下にいて難を逃れたとして——、地下にある水を活用する適応戦略が有利に作用したことを考えれば、むしろ「理不尽な生存 wanton survival」の一例であると考えたほうが適切である。微生物は、起こりうる隕石衝突に備えて地下のシェルターに隠れていたわけではない。まったく別の原因で地下生活を選択したことが、結果として適応的だったことになったのである。これらは、野球のために習得した走塁やスライディングが、後でサッカーに役立った、というようなことである。彼は、サッカーが得意だと言うべきであろうか。それとも、むしろ野球が得意なのか[5]。

　以上から導きたい結論は、次のことである。一見、個体の包括適応度を高めるように進化は向かうという法則は、そこからの逸脱を許さない鉄の必然性をもっているように思える。ここで、「適応している」というのは、生物有機体（個体）とその環境との間に、ある種の調和的なバランスが保たれている状態を指している。この状態が、安定的で一義的に定められるのであれば、包括適応度についての法則はまさに鉄の法則である。

　しかし、環境は常に変化するので、有機体との間に保たれるバランス（適応している状態）は、きわめてもろく、常に暫定的でしかない。ここでは、特に大きな環境の激変だけを例としてとりあげたが、環境は常に細かく変容しており、決して安定的にはとどまっていない。バランスが常に崩されているのだとすれば、（包括）適応度の法則が事実上機能していない空隙が——ひとつのバランスから次のバランスへの移行の間に——生じうる。しかも、この空隙は、

5　理不尽な絶滅・生存には、倫理学的な意味とも呼ぶべきものがある。この概念の倫理学上の対応物が、バーナード・ウィリアムズの "moral luck"（道徳的幸運）である。この主題については、以下を参照されたい。大澤真幸『夢よりも深い覚醒へ』岩波新書、2012、第1章. B. Williams, *Moral Luck*, Cambridge UK: Cambridge University Press, 1981.

まれにしか見出さないわけではない——というより、環境が常に変化していることを思えば、まさにその空隙こそ一般的な状態である。このような空隙に、包括適応度の法則に全的には規定されていない逸脱が宿りうる。人間的な〈社会〉もまた、こうした空隙から生成するだろう。

3 「秩序の連続的破壊」としての秩序

　前節では、進化を全体としてマクロに捉えたとき、「遺伝子の自己複製の論理」の支配から逃れうる領域が存在する、ということを論じてきた。さらに、個々の生体を維持するミクロなメカニズムの水準にも、遺伝子に関わる論理から独立した原理が働きうる、ということを示唆しておこう。この点で教訓的なのは福岡伸一の『生物と無生物のあいだ』である。この著作が、われわれに——答えではないが——考え方の指針のようなものを示唆してくれるのだ[6]。
この著書の主題は、生命とは何か、にある。福岡は、生命とは「動的平衡にある流れである」という結論に到達する。われわれにとって参考になるのは、この結論が、DNA（遺伝子）を中心におく生命観に対するアンチテーゼとして提起されているからである。DNAを中心に生命を見たときには、生命の本質は「自己複製」にあるとされる。動的平衡という概念は、「自己複製するシステム」としての生命というアイデアを斥けるものである。今、われわれも、社会生物学の遺伝子中心主義を相対化しようとしている。福岡の名著が解こうとしていたものと同じ課題がここにはある。

　動的平衡とは、どういうことなのか？　福岡は、海辺に作られた、

6　福岡伸一『生物と無生物のあいだ』講談社現代新書、2007.

砂の城の比喩で説明している。波によって、絶えず城の砂の一部が流され、さらわれている。しかし、見えない精霊が、絶えず崩れた部分に新たな砂を埋めているとすると、どうなるか。砂の城は、それを構成する砂を次々と入れ替えているのに、全体としては不変のまま、まさに「城」としてのアイデンティティを持続させるだろう。これが動的平衡ということである。

　実際、生物の身体は、この架空の砂の城と似たような状態にある。福岡は、ルドルフ・シェーンハイマーが1930年代後半に行った実験を紹介している。シェーンハイマーは、ネズミの餌の中に窒素の同位体である重窒素を混ぜておいた。重窒素で標識しておくと、アミノ酸がどこに行ったかを追尾することができるからである。ネズミは、どんどん太っていくわけではないから、食べたアミノ酸の大半は排泄されると予想していた。ところが、3日間投与して排出物を調べると、食べたもののうち、排泄されたアミノ酸はごく一部であることがわかった。結局、与えられた重窒素の半分以上が、身体を構成するタンパク質の中に取り込まれていたのだ。無論、それと同じ量の古いアミノ酸が、その間に排出されていたことになる。ということは、ものすごい速度で、多数のアミノ酸が最初から紡ぎ合わされて新しいタンパク質が組み上げられ、それに相当する古いタンパク質が体外に捨てられているということになる。タンパク質の高速の流れの中で、ネズミの身体の同一性が保たれているのだ。これが、動的平衡である。

　動的に平衡しているということは、静的にはむしろ非平衡（不均衡）だということである。非平衡が連続することで、時間的に平衡の外観が構成されるのだ。次のように言ってもよい。秩序は絶えず壊されているのだが、その連続的な破壊が全体として秩序を構成す

るのだ、と。

*

　福岡の著書のクライマックスは、後半に書かれている、ある実験の「失敗」についてのエピソードである[7]。詳細はわれわれの考察には必要がないので、要点だけごく簡単に紹介しよう。福岡たちのグループは、膵臓の中にあるGP2というたんぱく質に興味をもった。その量、それが存在する場所などから判断して、GP2が何か重要な機能をもつこと、重要な細胞プロセスにかかわっていることは確実である。GP2には、どんな働きがあるのか。それを調べるために、この部品GP2だけをもたないマウスを作ればよい。そのマウスにどのような障害が出るかを見ることによって、GP2の機能を知ることができる。福岡等の研究チームは、膨大な研究資金、異常な長時間を投入して、GP2の情報にかかわるDNAの部位を特定し、それを切り取った。これが、ひとつの部品情報だけが叩き壊された(ノックアウト)マウスである。そのマウスにどんな病理が出てくるだろうか？　福岡たちは、そのマウスの成長を、固唾をのんで見守った。

　しかし……結局、このノックアウト・マウスには、何の異常も出なかったのだ！　マウスは特に寿命も短くなることなく、普通に一生を終えた。福岡たちは落胆した。GP2がなくても、異常が出なかったということは、このたんぱく質には何の機能もないのか。そんなはずがない。膵臓のような重要な器官にあれほど大量にあるたんぱく質に、なんの働きもないなどということは絶対にありえない。しかし、ノックアウト・マウスに異常が出なかった以上は、GP2

---

[7]　福岡、同、221-272頁.

の機能は、結局、わからなかった。論文を書くこともできない。

どうして、GP2 を生まれつき持たないマウスに異常が出なかったのだろうか。これこそ、動的平衡ということの意味を例示する恰好の現象である。福岡は、おおむね次のように解説している。$X \to P \to Q \to Y$ といった流れの因果関係や情報伝達過程があったとする（X, P 等は、生体内のたんぱく質）。たとえば、$P \to Q$ の部分が、何らかの原因で欠落したとする。タンパク質 Y にパートナーが得られない分子的な孤立状況は、動的平衡系に対して、SOS 信号として働き、バックアップ過程の援用を求めることになる。これへのリアクションとして、動的平衡系は、X と Y とを繋ぐ何らかのバイパス経路を、たとえば $X \to A \to B \to C \to Y$ といった代替的な仕組みを立ち上げるのだ。こうして、P, Q をもたないのに、何の問題も発生しないということになる。

もし生体が機械のように、細かい部品が固定的に組み合わされた、一義的な静的平衡によって成り立つシステムであれば、一つの部品を失えば、その平衡は破壊され、それを修復することはできない。それに対して、動的平衡は、局所的には不均衡である状態を時間的・空間的に連続・連接させるところに成立する。一つの不均衡の喪失は、それを埋め合わせる別の不均衡を要請する。それは、ブリコラージュのようなものである。動的平衡は、不均衡の連続、それ自体が秩序破壊の連続であるがゆえに、局所的な秩序破壊に対して、柔軟に対応することができるのである。

さらに付け加えておけば、動的平衡系のこうした性質を利用して、システムを、いわば「騙す」こともできる。先のモデルを用いて説明しよう。$P \to Q$ が脱落しても、バイパスができるので困らないと述べておいた。ほんとうに困ったことになるのは、P は失われて

いるのに Q が残っているときである。$Q \to Y$ のリンクが成り立ってしまうために、Y は、自分が X とつながっていないことに気づかず、SOS を発しない。このときには、代替的な過程 $A \to B \to C$ が構成されず、初めて、真の病理的な異常が発生する。全部破壊されたときより、部分的に破壊されたときの方がやっかいなことになるのだ。狂牛病はこうしたメカニズムから生ずる。

　福岡伸一の考察が教えることは、遺伝子が主役であるような生命過程のすぐ脇に、もうひとつの別の生命過程が作動している、ということである。それを、福岡は、動的平衡の流れとして抽出した。この動的平衡という概念は、われわれの目下の主題である〈社会〉の存立の仕組みについて、何か直接的に意味ある内容を表現しているわけではない。だが、われわれとしては、こんなふうに言うことが許されるのではないか。〈社会〉もまた、最も広く解釈された意味での動的平衡のひとつの状相であろう、と。それは、遺伝子の自己複製にかかわる過程に還元しつくすことができないメカニズムの産物として、存立しているのである。

4　仰向けに寝る赤ちゃん

　〈社会〉はいかにして可能なのか？　だが、今は、〈社会〉を構成し、維持する、そしてときに破壊するメカニズムについて説明するのは、時期尚早である。この章では、それがどのようなメカニズムであるかを考察するためのヒントだけを、今後の展開のための伏線として提示しておきたい。人間の〈社会〉を構成する〈関係〉が、前節で論じた（広義の）動的平衡の形式をとっていること、すなわち〈非平衡（不均衡）を孕んだ平衡（均衡）〉と要約するほかないような緊張において成り立っているということを示唆する、小さな事

実をここでかんたんに検討しておこう。

　その「事実」は、「〈社会〉の起原」という主題にまことにふさわしい事実である。これから論ずるのは、生まれたばかりのヒトの子が最初に他者と出会い、交流する場面にかかわる事実だからである。赤ちゃんが、母親を初めとする他者に対面する初期の状況について、ごく簡単に観察しておきたいのだ。

　動物との関係を考えたときにも、生後間もない赤ちゃんと親との関係に注目しておくのは、適切だと言ってよいだろう。動物にとっても、一般には、子は、ミニマムな他者、自己に最も近い最小の他者だからである。前章で述べたように、生物学者は、動物が自分の子のために何かをしても、それを「利己的」と解釈するくらいだから、つまり子の他者としての独立性を認めないくらいだから、親と子の間の対他的な距離は小さい。

　とはいえ、動物においても、親にとっての子、子にとっての親は、他者——最初の他者——である。その端的な証拠は——いささか逆説的であるが——、ほとんどの動物の親は、生まれてしまった子に対して、まったく関心を示さないという事実である。「子育て」は、動物においては、決して普遍的な事実ではない。親が子に対して、いっさいの投資をしない、まったくコストをかけない種が、圧倒的な多数派である。「利己的」な動物個体にとっては、子は関心の外におかれる他者なのである。たとえば、魚類や両生類は、卵を産んだらそれでおしまいであり、卵から孵った子を育てたりはしない。まれに、口の中で生まれたばかりの子を養う魚や両生類がいるが、例外として処理しておいてかまわないだろう。子育てらしきものを始めるのは、爬虫類の一部と鳥類である。鳥が、雛に餌を与えるシーンは、親子関係の原点のようにイメージされている。そして、画

期的な飛躍がなされるのは、哺乳類だ。その名が示すように、哺乳類の母親は子に母乳を、つまり自分の体液を与える。

このように、親子関係に注目するだけでも、〈社会〉を構成する関係の質の変化を認めることができる。ごく大雑把に言えば、「…→魚類・両生類→爬虫類・鳥類→哺乳類」という系列は、親にとって子が次第に存在感を高め、子に対する親の関係が積極的で複雑なものへと変化していく過程である。最初は、子は、親の関心の対象になっておらず、親の視野に入ってはいない。やがて、生まれたごく初期の限定された時期だけ、親が育児や給餌をするようになる。そして、その育児の期間が延び、母親が母乳を与えるほどの深いかかわりを子に対してもつようになる。これらは、すべて、自分の遺伝子が子に確実に継承されるための戦略として解釈できるので、まだ「社会」の範囲であって、〈社会〉の水準には入ってはいないかもしれない。しかし、自他関係が主体同士の固有の関係へと近接していく過程であると見なすことは十分にできるだろう。

そして、この系列の先に、人間の親子関係、人間の赤ちゃんと（大人である）他者（たち）との関係がある。ここでは、そのごく一部、一見まことにささやかなことと思われる一部に注目してみよう。

＊

人間の赤ちゃんは、仰向けに寝る。仰向けに寝ても安定しているのは、人間の赤ちゃんだけなのだ。われわれ人間にとって、仰向けに寝るなどということはあまりに簡単なことで、とくにこれが「人間(ヒト)らしさ」を示す性質だとは気づきにくいのだが、他のほとんどの動物は、仰向けに寝ることができない。あるいは仮に少しはできたとしても、そのときには、きわめて不自然で不安定な姿勢にしかならない。赤ちゃんが仰向けに寝ている、という事実は、人間的

な特徴だったのである[8]。

　たとえば、人間に近い動物、つまりサル（霊長類）の例を見てみよう。ニホンザルの生後まもない赤ちゃんを、お母さんから引き離して仰向けに寝かせると、すぐに寝返ってしまう。仰向けでとどまってはいない。逆に言えば、ニホンザルの赤ちゃんは、最初から寝返りができる、ということでもある。ニホンザルの生体は、「仰向けで寝る」ということをまったく予定しておらず、むしろ先天的にこうした姿勢を拒否しているようだ。

　それに対して、人間の赤ちゃんは——考えようによってはニホンザルよりも能力が低く——生後数ヶ月は、寝返りをうつことができない。寝返りは、赤ちゃんが生後獲得する、最初の運動能力のひとつであると考えられている（赤ちゃんは、いわゆる「ハイハイ」の前に、寝返りで移動できるようになる）。いずれにせよ、生後すぐには寝返りができないということは、人間の赤ちゃんの身体は、ニホンザルと違い、仰向けで寝たままになることを想定していることを示している。

　ところで、寝返りをできないのは、人間の赤ちゃんだけではない。ニホンザルのようなマカクよりもはるかにヒトに近い種、大型類人猿——オランウータン、ゴリラ、チンパンジーなど——の赤ちゃんも、寝返りができない。だから、チンパンジーやオランウータンの赤ちゃんであれば、ニホンザルの赤ちゃんとは違って、仰向けに置くことはできる。が、彼らは、そうされたとき、その仰向けの状態で落ち着くことはない。手足を不自然に上空へと延ばしてくるのだ。

---

[8] 人間だけが仰向けに寝るということ、そしてこの事実が重要な意味をもつということを私に教えてくれたのは、松沢哲郎氏である。松沢氏によれば、この事実に最初に気づいたのは、氏の共同研究者の一人、竹下秀子氏である。なお、松沢哲郎『想像するちから』51-55頁をも参照のこと。

もう少し細かく記述すると、まずゆっくりと右手と左足が上がり、しばらくすると、逆に、左手と右足が上がる。彼らは何をしているのか？　不在のお母さんの身体を探し、しがみつこうとしているのである。仰向けにされたまま落ち着いていられるのは、結局、人間の赤ちゃんだけである。

　人間は、他者を必要としている。他者なしで、人間は生きることはできない。だが、生きるために、他者（他の個体）が必要なのは、何も人間だけではない。さまざまな動物が、さまざまな原因や理由によって、他の個体を求めており、他の個体の協力なしには生きることができない。とりわけ、哺乳類は、今しがた述べたように、母親の母乳がなければ成長することができないので、他者を必要とする程度が大きい。ここで「仰向け寝」に注目したのは、人間にとっての他者のあり方の特徴、とりわけ「人間的」といえるような他者との関係の性質が、実は、この何でもない姿勢の中に示されているからである。

　人間の仰向け寝の意味を知るには、先に、こう問わなくてはならない。なぜ、他の動物は仰向けに寝ることはないのか？　その理由は容易に思いつく。仰向けに寝るのは、非常に危険だからである。寝ているとき、動物個体は、無防備になる。まして、重要な臓器がつまっている腹の側を、他者に、外界に、敵にさらすような姿勢で寝ていたのでは、危険極まりない。逆に言えば、人間だけが、あえて他者や外界に対して無防備になり、弱さを曝すような姿勢をとっているのである。

　チンパンジーなど類人猿の赤ちゃんは、仰向けにすると、不在のお母さんの身体にしがみつこうとして、もがく、と述べた。言い換えれば、仰向けで平気に寝ているということは、母親の身体から離

れることである。生きるときに不可欠な他者から、あえて、離れたままの姿勢をとること、それが仰向けに寝るということである。

　仰向けになると、どうなるのか？　ニホンザルの赤ちゃんは、生まれつき、お母さんの身体にしっかりとしがみつくことができる。チンパンジーの赤ちゃんは、そこまでの力はないので、お母さんが、赤ちゃんを自分の手で抱きかかえて移動する。こうした例では、赤ちゃんは、母親のお腹に密着していることになる。仰向けになるということは、こうした密着性から離脱することである。厳密に事態を観察しておけば、生まれつき母親の身体にしがみつくことができるニホンザルの赤ちゃんに比べて、母親に抱きかかえられない限り、母体から離れてしまうチンパンジーの赤ちゃんは、（母親との）密着度は小さくなっており、その分、ヒトに近づいている。ともあれ、仰向けになることは、こうした密着性を否定することなのだが、そうなると、結局、どうなるのか？

　赤ちゃんが仰向けになって、お母さんの身体から離れると、赤ちゃんと母親の眼と眼が合うのである。われわれは、赤ちゃんの眼を見て、微笑んだり、あやしたりして楽しむ。眼と眼で見つめあうということは、きわめて人間的なことなのである。ここでも、厳密に言えば、マカクとヒトとの関係で、チンパンジーは移行的な特徴を示す。ニホンザルの場合には、今述べたように、子は母親の胸に密着しているために、見つめ合いはできない。しかし、チンパンジーの親は、子を抱くだけではなく、たまに、人間で言えば「高い、高い」にあたる動作をして、子をわざと引き離し、顔と顔を合わせる。この意味では、チンパンジーは、かなり「人間化」している。が、いずれにせよ、仰向けに寝ているヒトの赤ちゃんは、母親と、眼と眼を合わせる頻度・時間が圧倒的に大きくなる。また、母親以外の

他者とも、同じように眼と眼を合わせることになる。

　これに赤ちゃんはどう応じるのか。赤ちゃんも、母親や他者の眼を見て微笑む。実は、微笑には、生後直後の新生児の「新生児微笑（自発的微笑）」と、その後に出てくる「社会的微笑」の区別がある。これらについても、人間だけではなく、類人猿やサルを対象とした観察や実験がなされている。そうした観察や実験の含意については、いずれ論ずることになるだろう。今は、こうした細部は無視して、基本的なことだけを確認しておこう。

　今、問うべきは、眼とは何か、ということである。見つめ合うことになる、その眼とは何か？　眼は、本来、何のためにあるのか？

　眼が前についていること、前進する側が見えるようについていることを考えると、眼の本来の機能が何であったかが理解できる。眼は、食物を探すため、獲物を探すために発達した器官である。だから、眼で捉えるということは、本来、攻撃的な意味をもっている。「採って食ってしまうぞ」という攻撃的な意味を、視線はもっているのである[9]。とりわけ、相手の眼そのものを見るということは、相手への攻撃を意味してしまう。だから、動物の個体は、普通は、他個体の眼をじっと見たりはしない。相手からの反撃を誘発し、ときには喧嘩が引き起こされるからである。人間の場合も、「眼をつける」という言葉が含意しているように、相手の眼を凝視することは、敵意を表現する場合がある。

　ところが、人間のみが、本来、敵意や攻撃、さらに憎悪の態度で

9　他の動物を追うことはほとんどなく、他の動物（捕食者）から逃げることが主であるような草食性の哺乳類の場合には、眼は、たいてい顔の横についていて、右眼と左眼が異なるものを見るようになっている。敵＝捕食者に早く気づくためである。それに対して、肉食の哺乳類の二つの眼は、正面に並んでついており、両眼で同じ対象を捉えるようになっている。視界に入っている獲物への距離を目測で知るためであろう。そして、霊長類の両眼は、――肉食ではないにもかかわらず――正面に並んでいる。

第4章　〈社会〉の起原へ………129

もありうる、他者の眼を眼差すということで、同時に、親密さや情愛を表現することができるのである。実は、厳密なことを言えば、またしてもチンパンジーの立場は微妙であり、チンパンジーもときには眼と眼を見つめ合うことがあるという。しかし、チンパンジーにあっては、これはまれである[10]。しかし、人間においては、親密さの表現として、他者の眼を見つめることは、きわめて一般的なことだ。仰向けの赤ちゃんの眼を見て、赤ちゃんをあやすということに、眼と眼の間の、こうした「人間的な」関係の原点がある。赤ちゃんは、あえて他者から攻撃を受けやすい、仰向けという脆弱で無防備な態勢をとることで、他者から親密な眼差しを引き出しているのである。

　さらに付け加えておけば、人間の眼には他の動物にはない大きな特徴がある。「白い白目」の存在である。人間の瞳の色は、黒、茶、青、緑などさまざまだが、白目はみな白い。実は、人間以外の霊長類にも「白目」はあるのだが、その白目は白くない。白目は黒や茶色である。つまり霊長類の白目は、色の点で、瞳と区別しがたい。チンパンジーでもそうである。人間だけが、白目が瞳とくっきりとした対照をなしている。霊長類の白目が瞳と区別しにくくなっているのは、何を見ているのかを他者から判別されないためである。天敵や（同種の）ライバルに、「何を見ているか」を知られてしまうことは、生存競争の上で、きわめて不利である。天敵に視線を読まれれば、死角から襲われるし、喧嘩の相手に視線を知られれば、次の攻撃を読まれてしまう。他者が自分の視線をできるだけ見ないようにするために、白目と瞳は地続きであるかのような外観になっているのだ。

10　まれである証拠は、このことが、最近になってようやく、松沢（ら）によって「発見」された、ということである。松沢、前掲書、57頁.

したがって、この点でも、人間だけが他者に対してあえて脆弱性を曝け出す。白目と瞳の（色の点での）きわだった対照性のために、人間の場合には、他者から簡単に「何を見ているか」を見抜かれるようになっている。つまり人間の場合には、眼の構造から、（他者からの）「視線の読み」が容易なのだ。別の言い方をすれば、人間の眼は、他者から見られることを想定した「仕様」になっているわけだ。しかし、初期の人類に天敵がいなかったとは思えないし、まして、人間が際立っておとなしく互いに喧嘩をしないというわけでもない。群が「仲良し」という点では、たとえばボノボの方がはるかに上である。人間には、獰猛で攻撃的なところがあり、ときに殺し合いにまで至るような同種内の争いがある。にもかかわらず、他者から容易に視線を読み取られてしまうような眼の構造が進化してきたことは、ふしぎなことである。

　瞳と対照をなす白い瞳はとりわけ、私があなたの眼を見ているとき、あなたもまた私の眼を見ていることの確証が得られるようにする仕組みではないか。こうした眼と眼が合う体験を、生後すぐに繰り返すことができるように、人間の赤ちゃんは、仰向け寝という姿勢を採用する。

　繰り返せば、仰向けになるということは、他者（母親）から離れることである。このことは、もう一つの人間の赤ちゃんの特徴とも関係している。声をあげて「泣く」ということである。大型類人猿の赤ちゃんも泣くが、簡単に——母親が抱き上げるとたちどころに——泣き止んでしまう。なぜ泣くのか？　この大型類人猿についての事実からも推測できるように、お母さんを呼ぶためである。母親やその他の他者の注意を喚起し、自分のもとに呼び寄せるためである。人間の赤ちゃんは、まだほとんど自力で移動もできないときに、

母親の身体から離れるので、泣く必要が出てくるのだ。あるいは、「泣く」という行為は、母親を初めとする必要な他者が、自分から離れたところにいる、ということを前提にしている。たとえば、人間だけが夜泣きをして、チンパンジーには夜泣きがないのだが、それは、チンパンジーの母親は常にすぐ近くにいるからである。チンパンジーの赤ちゃんは、母乳が欲しくなれば、自分で乳首を探り当て、吸えばよいのだ。それゆえ、頻繁に泣くことは、すぐれて人間的なことである。その泣き声が、やがて言葉に置き換わる。

「仰向け寝」を手がかりにした、こうした考察は、人間における、他者との関係の特徴がどこにあるのか、ということを明らかにしてくれる[11]。人間は、他者から離れることにおいて、他者に近づくのである。他者を遠ざけることを通じて近づくのだ。あるいは、見つめあう眼の関係がよく示しているように、人間は、攻撃性において親密性を、憎悪において愛情を表現している。人間にとって、他者とは、まずは遠ざかるものである。日本語の「あなた」という語が示すように、他者とは「彼方(かなた)」である。しかし、離れることでますます近づくこと、近づくことが離れることを前提にしていること、ここに人間の他者との関係の特徴がある。仰向けに寝て、空や雲を眺めるときのあの開放感を思い出してみよう。あの開放感とは、まず何よりも、他者への開放感以外の何ものでもあるまい。

別の言い方をすれば、人間の場合、他者との調和的な関係（平衡）が、それ自体、他者との葛藤を孕んだ関係（非平衡）を前提にしているのである。人間は、生きるために、他者（の助け）を必要とし

---

11 松沢哲郎は、仰向けの意義として、手が自由になる、ということを重く見ている。背中が体重を支えてくれるので、赤ちゃんの手は、最初から自由である。手は、母親の身体にしがみつく必要性からも解放されているので、母親の身体以外のものを掴み、操ることができる。松沢、前掲書、52頁.

ているとして、にもかかわらず、その他者からまずは距離をとる。たとえば、マカクやチンパンジーの赤ちゃんは、母親の助けが必要であるがゆえに、母親の身体に密着する。それに対して、人間の赤ちゃんは、マカクやチンパンジーに劣らず母親やその他の他者の助けを必要としているにもかかわらず、仰向けになって、他者から放置されることを甘受、あるいは享受する。とすれば、ここには、本源的な社会性からの明らかな逸脱があり、〈社会〉へと向かう一歩が孕まれていると言えるのではないか。

5 鏡の中の自己＝他者

　仰向けの赤ちゃんと対するということは、前節に述べたように、赤ちゃんと大人とが、互いに互いの顔に正対し、相手の眼を覗き込むことである。ところで、この態勢、顔と正対し、他者の眼を見つめる態勢は、自己と他者とが、さながら鏡像のような関係に入ることを意味している。実際、鏡像による自己認知と他者体験とは、きわめて深い関係にあることが、実験的に確かめられている。つまり、自己（像）についての原初的な認識と他者への／との関係をめぐる体験とが不可分な関係にあることが、示唆されているのだ。

　ヒトの赤ちゃんの鏡への反応に関する発達心理学的な研究は、すでに山ほどなされてきた。それらを総合すると、反応は、おおよそ四つの段階を経ることがわかる[12]。

　① 生後3ヶ月まで。鏡像への関心は薄い。
　② 生後4～5ヶ月頃、鏡像への強い関心が突然、現れる[13]。自

12　明和政子『心が芽ばえるとき―コミュニケーションの誕生と進化』NTT出版、2006、146-148頁.
13　これは、新生児微笑が完全に消え、社会的微笑が現れる時期にほぼ一致する。

分の鏡像をじっと見つめたり、微笑みかけたりする。6ヶ月頃からは、鏡像を掴もうとする反応も見られる。

③ 1歳を過ぎる頃から、鏡を探索するようになる。鏡に近づき、叩いてみたり、背後を覗いて見たりする。鏡に映っているいろいろな物の像が実物ではなく、偽物であるとうすうす気づいてはいるが、まだ実物との区別は不明確である。

④ 1歳半から2歳にかけて、鏡の中の像が自分であることを理解する。おどけた顔を見せたり、はにかんで鏡を何度も振り返ったり、明らかに自分の姿が映っていることを意識した反応を示す。

要するに、ヒトの赤ちゃんは、1歳半から2歳程度の年齢に至ると、鏡に映った像が自分であることを明確に理解するようになる。それでは、動物はどうだろうか？ 動物は、鏡に映った像を、自分自身の像として同定することができるだろうか？

一般に、動物にとっては、鏡像の自己認知はたいへん難しい。しかし、チンパンジーであれば、一定の年齢に達すれば、難なく、鏡の中の像を自己の身体の反映と見なすことができるようになる。ここで、仰向け寝をめぐる前節の考察を思い起こしてみよ。ほとんどすべての点において、チンパンジーは（マカクとヒトとをつなぐという意味で）移行的であり、人間的な萌芽を見せていた。

ところで、ヒトの赤ちゃんにせよ、チンパンジーにせよ、その他の動物にせよ、言葉を使えない被験者が鏡像を理解しているか否かということをどうやって調べるのか。それは、一般に、「マーク・テスト」と呼ばれる手法によって、確認する。まず、赤ちゃんなどの「被験者」の顔や耳たぶなど、自分の眼では直接確認できない身体部位に、――当人には気づかれないように工夫して――口紅や染

料を塗る。被験者が染料に気づいていないことを確認した後、その被験者に鏡を見せる。もし被験者が、鏡を見るやすぐに、染料がついている自分の身体部位に触れたとしたら、その被験者は、鏡像を自分自身であると認知している確実な証拠となる。

　チンパンジーの鏡像認知についての研究は、このマーク・テストの考案者、G.G. ギャラップが 1970 年に『サイエンス』誌に発表した論文が、古典的な標準となっている[14]。結論だけを言えば、チンパンジーは、だいたい 5 〜 8 歳になれば、鏡に映った像が自分自身であることを容易に理解できる。飼育されていたチンパンジーであればもっと早く、2 〜 4 歳頃から、鏡像を理解し始めるという。

　どうして、多くの動物は──ヒトやチンパンジー以外のたいていの動物は──、鏡に映った自分の像をそれとして認識できないのか？　このことは、それほどふしぎなことではない。真の謎は、チンパンジーやヒトが、鏡像を自己の像と認知できる、ということにある。これはたいへんふしぎなことである。なぜならば、自己の身体の鏡像は、自己自身にとって、およそ「自己の身体」と似てはいないからである。自己の身体は、いわば、内側から体験されている。内側から体感されている自己の身体と、鏡に映っている自分の身体の像とは、まったく異なっている。それなのに、どうしてそれが自分の身体だとわかるのか？　自分の身体以外の物に関してであれば、実物と鏡像とを「同じもの」と判定することはできる。外から見て、両者はよく似ているからである。しかし、自分の身体については、そうではない。当の鏡を使わなければ、自分の身体を外部から見ることはできないのに、どうして、まさにその鏡に映っている姿が、

14　G.G. Gallup, "Chimpanzees: Self-recognition," *Science*, 167, 1970.

自分の身体の像だとわかるのだろうか。自分自身の観点からは、その鏡像が自分の像であると見なしうる、論理的な根拠も経験的な根拠もない。ならば、どうして、「それ」を自分だと確信するのか？

　自己の身体の鏡像は、「自己の身体」とまったく似ていない。ならば、それは、何に似ているのか？　それは、他者、他個体に似ているのだ。実際、ほとんどの動物は、自己の鏡像に対して、他個体への反応と同一の反応を示す。つまり、威嚇したり、親和的な反応を示したりするのだ。たとえば、ニホンザルは、余程、強引な訓練をしない限り、鏡像の自己認知をなしえず、一般には、鏡像を他個体と見なす。つまり、ガッと声をたてて威嚇したり、リップスマッキング（口をパクパク）のような融和を図る行動を取ったりするのである。実は、ヒトの赤ちゃんやチンパンジーも、鏡像を自分の身体として認知する前の段階で、鏡像を他者、他個体として接する段階を経由する。ヒトの赤ちゃんであれば、鏡の中の自分の顔に微笑みかけたり、チンパンジーであれば、歯をむきだして威嚇したりするのだ。

　今日、確実に鏡像の自己認知ができるとされている動物種は、チンパンジーとボノボ、オランウータン（そしておそらくゴリラ）である。インドゾウやイルカ、またオウムも、無理な訓練を経ずに鏡像の認知に成功するとの報告もあるが、（イルカを別にすれば）疑わしいと私は思っている[15]。

*

　鏡像の自己認知に関して、ギャラップは、ある実験——今日では「非人道的」であるとして決して実施できない残酷な実験——によ

15　明和、前掲書、151-155頁.

って、すこぶる興味深い事実を発見している。一般には、チンパンジーは、述べたように、ある程度の年齢に達すれば、容易に鏡像の自己認知をなしうる。しかし、他個体から隔離されて育てられた場合には、そのような能力をもたないのだ。ギャラップたちは、生後すぐに母親から引き離し、完全な孤立の中で育ったチンパンジーに、鏡を見せてみた。このチンパンジーは、鏡に映る自分の姿を、他の一般のチンパンジーよりも長く見つめたが、ついに、その鏡像が自分の像であると認知しているということをうかがわせる反応を見せることはなかった[16]。

　ギャラップとS.D.ヒルらは、さらに調べている。1歳半まで隔離して育てられた3個体のチンパンジーに対して、次のような処置をとる。そのうちの2個体は、同じ部屋に同居させて、育てた。残りの1個体は、その後も、隔離したまま育てたのだが、あえて、他の2個体を見ることができる場所においた。しばらくしてからマーク・テストを行うと、前2個体は簡単に合格したが、後者の1個体は合格できなかった[17]。

　これらの実験は、次のことを含意している。第一に、鏡に映る自分の像をまさに自己として同定できるようになるためには、他者の存在が、他者についての経験が絶対的に不可欠であるということ。第二に、その経験は、単に他者を外から「見る」ということだけでは不十分であり、身体的な直接の接触を含む、他者との実質的な相互作用でなくてはならない[18]。

16　G.G. Gallup, M.K. McClure, M.K. Hill, R.A. Bundy, "Capacity for self-recognition in differentially reared chimpanzees," *Psychological Record*, 21.
17　S.D. Hill, R.A. Bundy, G.G. Gallup & M.K. McGlure, "Responsiveness of young nursery reared chimpanzees to mirrors," *Proceedings of the Louisiana Academy of Sociences*, 33, 1970.
18　明和、前掲書、170頁参照。

鏡に映った自己を見るということは、自己の自己への関係であるように思える。しかし、その自己関係の前提として、他者との関係が、つまりある種の社会的体験が必要なのだ。他者との関係が、どこか魔術的な仕方で、自己への関係へと転移してきたかのようだ。それにしても、マカクを含む多くの動物も、もちろん、同種の他個体を経験しているが、鏡像の自己認知を可能にするような形では、その経験は、「自己の自己自身への関係」へと跳ね返ってはこない。しかし、チンパンジーやヒトの場合には、違う。他者との関係が、自己への再帰的な関係へと転移するのだ。どこに違いがあるのだろうか。少なくとも、こうした転移を可能なものにしている契機が、推論のようなタイプの知的能力ではないことは確かだ。転移には、何の論理的な根拠もないからだ。

　繰り返せば、鏡によって自分の顔を見る体験は、他者の顔を見る体験を前提にしている。それこそ、エマニュエル・レヴィナスが哲学的な思索のすべてを賭けて、その秘密を解き明かそうとした体験であろう。おそらく、そこに〈社会〉を構成する最小の要素が、つまり〈社会〉の原基(エレメント)がある。

6　小括

　〈社会〉はいかにして可能なのか？　〈社会〉は、動物性の〈無〉の中からどのようにして創出されたのか？　今や、考察のための足場は整えられた、と言うべきであろう。本書のここまでの歩みを、簡単に振り返っておこう。

　第1章では、〈人間とは何か？〉という問いの、あるべき構造について考察した。この問いは、知の究極の目標となるような問いである。だが、この問いへの哲学的な回答にも、経験科学的な回答に

も不満が残る。その上、二種類の回答の間のギャップは永遠に埋まりそうもない。埋まらないことには、構造的な原因がある。探究が、〈生成状態における人間〉を外してきたこと、それが原因である。その〈生成状態における人間〉こそが、真に問うべきことであった。

〈生成状態における人間〉を主題にすることは、——人間の立場から動物を捉えるのではなく——動物の立場から人間を捉えることである。その意味することは、「サルの解剖が人間の解剖の手がかりになるのではなく、逆に人間の解剖こそがサルの解剖の鍵である」という趣旨のマルクスの有名な警句を媒介にすることで解き明かすことができる。この警句を、われわれは、ベンヤミンの歴史哲学テーゼを補助線にして読み解いた。ベンヤミンは、アナログ写真の現像の比喩で歴史を把握している。すなわち、歴史というものは、写真板上のイメージのようなものであり、未来という現像液で処理されて初めて細部がはっきりと見えるようになる、と。これは次のような事態を表現する隠喩である。たとえば、ある決定的な出来事が生起してしまってから過去を振り返ると、過去のうちにすでに、過去にとっての未来にあたるその決定的な出来事を準備する潜在的な可能性があったことが、初めて明らかになる。こうした事態をベンヤミンは念頭においている。

この未来にあたる位置に人間を、歴史（過去）に対応する位置に動物を代入すれば、マルクスの警句の意味になる。こうした理路は、「動物は世界貧乏的である」というハイデガーの動物の定義を理解する手掛かりにもなる。

さらに、われわれは、かつて知の覇権的な主題だった、〈神／人間〉という関係が、〈人間／動物〉〈人間／ヒト〉の関係に転移されている、という事実を明らかにしておいた。この事実を確認しておけば、

唯物論的に許容されうる唯一の合理的な構図は、「人間」に対応する水準は、〈無〉という形式で動物性の水準に潜在しているとする見方のみであることが明らかになる。探究は、この構図に実質を与えるものになる。

　第2章のねらいは、探究の目標となるような「人間の条件」にかたちを与えることにあった。何を説明したときに、課題を果たしたことになるのか。われわれは、ここで人間の条件として、〈原的な否定性〉という概念を提起した。〈原的な否定性〉とは、より先行する理由や根拠に遡ることができない禁止、「いけないからいけないのだ」というトートロジーにしか支えをもたない禁止である。規範の連鎖を根拠にまで遡っていくと、最後には、〈原的な否定性〉に帰着する。〈原的な否定性〉が重要なのは、これを前提にしたときに初めて、〈選択〉ということが実質のあるものとして構成されるからである。動物や他の自然物に対する人間の超越の根拠が、選択の主体たりうることにある以上、〈原的な否定性〉が人間の条件を構成することになる。

　多くの論者が、言語に代表される象徴を活用する能力に人間の本質を見てきた。われわれは、初歩的な「言語」を習得したかに見えていたチンパンジーが、思いもよらぬ失敗をした事例を、考察の起点において、言語もまた〈原的な否定性〉によって可能になっている、ということを明らかにした。チンパンジーは、〈原的な否定性〉を効力あらしめる（社会的）関係の中に、入りこめなかったのである。

　この事実にも暗示されているように、〈原的な否定性〉と社会とは表裏一体の関係にある。簡単に言えば、〈原的な否定性〉の効力が及ぶ範囲が、社会の境界を定義するのだ。〈原的な否定性〉と社会とが、同じことの二側面であるとすれば、問うべきことは、社会

の起源である。

　こうして、問いの中心には、社会の起原という主題が置かれた。そうである以上は、動物の社会と人間の社会を一貫した理論の中に収めようとしてきた進化生物学・社会生物学を検討しなくてはならない。これらの学知の含意を、最大限に引き出し、その可能性と限界を見定めようとしたのが第3章である。

　われわれは、動物の個体は利己的で、自分の快楽や生存を目指している、という常識を持っている。しかし、他方で、動物というものは種の存続を指向しているという常識もある。どちらの常識にも、一定の説明力もあるが、しかし限界もある。両者の対立を止揚し、統一的な理論の枠組みを提起したのが現在の進化論、「利己的な遺伝子」や「（個体の）包括適応度」の概念を中核におく社会生物学である。遺伝子が利己的であれば、それを所有する個体も必然的に利己的なものになると考えたくなる。しかし、利己性の準拠的な単位が遺伝子であるということは、その乗り物に過ぎない個体は、必ずしも利己的である必要はないということ、つまり利他的でありうるということをこそ含意している。実際、包括適応度に着眼したハミルトンの不等式は、利他的な行動の発現条件を一般的に表現している。

　それゆえ、動物の個体は本源的に社会性をもっている、と見なすべきである。その本源的な社会性を「社会」と表記することにした。しかし、「社会」の紐帯は、血縁度に規定されている。別の言い方をすれば、「社会」を構成する条件は、多細胞の「個体」を出現させる条件と質的に連続している。動物の「社会」は、構成要素（個体）が分散し、その間の紐帯の強度が希薄化した、大きな個体のようなものである。

また、われわれは、利己的な個体の間の競争を重視した古典的な進化論から、種の存続に基準をおいた動物行動学を経由して、利己的な遺伝子に準拠する社会生物学へと至る歩みは、近現代思想の展開と並行性がある、ということを明らかにした。生物学の内的な論争の場は、かたちをかえた現代思想の戦場でもある。

　人間の社会もまた、動物の本源的な社会性に還元されるのだろうか。そうではない。第4章では、まずは、人間に固有の社会性、すなわち〈社会（性）〉は、本源的な社会性からの差分によって（外的に）定義できるということの確認から始めた。「社会」を基準にしたときに、そこからの過剰もしくは過少として見出されるのが、人間の〈社会〉である。したがって、われわれが探究すべきことは、〈社会〉の起原である。

　この章では、まず、〈社会〉を説明する論理が可能であるということ、そうした論理が存在すべき場所があるということを確認した。もし遺伝子の利己性をベースにした論理が、完全に包括的、普遍的なものであるとすれば、その論理から逸脱した〈社会〉を説明する論理など存在するはずがない。そのような批判に答えるのが、この章の前半である。マクロな進化の全体的なプロセスに関しては、「理不尽な絶滅」に着目する論法から、ミクロな生命のメカニズムに関しては、「生命は動的な平衡の流れである」とする説から、遺伝子の自己複製という論理では覆い尽くされない残余がいくらでもあると推測することができる。そこに〈社会〉が存立する場所がある。動的な平衡（としての生命）とは、静的には非平衡（不均衡）であるものの連続ということである。〈社会〉もまた、広義の動的な平衡の一状相であるに違いない。

　個体の生活史の観点からすると、母親との出会いこそが最初の社

会である。生物進化の観点からすると、親子の関係は、社会の論理的な原点であり、ミニマムな社会である。人間の赤ちゃんと母親との関係、あるいは赤ちゃんと大人である他者との関係の一断片を観察することから、そこにすでに、「社会」に解消できない〈社会〉が孕まれていることを、われわれは確認した。われわれが着眼したのは、人間の赤ちゃんのみに見られる「仰向け寝」という姿勢である。この姿勢をさまざまな角度から分析するだけでも、赤ちゃんと大人との関係には、奇妙な両義性が、つまり「あえて距離をつくることで接近する」「あえて攻撃性を誘発することを通じて親密化する」とでも表現するしかないような両義性があることがわかる。接近のための条件として距離があり、親密になるための前提として攻撃を誘発するような態度があるとすれば、それは、利己的な遺伝子によっては説明し尽くせない。

　仰向け寝する赤ちゃんとの関係は、ほとんどの動物には見られない、眼と眼を合わせて見る体験を含んでいる。そうした体験は、自分を鏡に映すときの体験でもある。鏡に映った自己像を、自分の身体として同定できる動物種は、そう多くはない。人間のほかに、チンパンジーもそれをなしうる。チンパンジーの研究から、鏡像の自己認知が可能であるためには、他者（他個体）との実質的な交流の体験が不可欠であることがわかってきた。自己の自己への関係が、社会的な関係性に媒介されていることを、この事実は暗示している。

＊

　こうして〈社会〉の起原を問うための準備は終わった。次巻以降、〈社会〉がいかにして可能かを、動物との関係で説明し、理解する旅が始まる。この探究は、言ってみれば、一種のミステリー（探偵小説）である。

ミステリーが始まるためには、「殺人事件」が起きなくてはならない。われわれの探究の中でも、すでに殺人事件が起きたと言えるだろう。探究の焦点である〈社会〉とは何かを見定める作業が、それにあたる。

　殺人事件の現場には、犯人が、いくつもの不可解な謎や手がかりを残していくものである。仰向け寝や鏡像認知の場に見出されたいくつものふしぎ、あるいは言語習得に関してみいだした驚異、そうしたことがらが、犯人が残していった謎や手がかりである。

あとがき

　人間とは何か？　動物との関係において、人間とは何か？　これは、すべての知を支配する中心的な問いである。私の考えでは、この問いを十分な深みにおいて捉えると、その探究は、必然的に、最も広い意味での社会学——動物の行動までをも視野に入れた大きな社会学——になる。

　こうした構想を、もうずいぶん前からもっていて、少しずつ準備をしてきた。準備を始めて間もない 1992 年に、見田宗介（真木悠介）先生が論文「自我の起原」を発表された。この論文を収録した翌 1993 年の著書のあとがきで、見田先生は、後続世代に「青青とした思考の芽を点火することだけを願って」、書物を出したと書かれている。この願いの通りに、私の思考は強い刺激を受け、探究の基本的なガイドラインを得た。

　その後 20 年の間に、何度か、講義や学会講演のようなかたちで、この主題について語ってきた。しかし、論文は、ごくわずかしか書かなかった。

　この主題をめぐる探究には終わりがないからだ。もちろん、どのような学問領域にも、終わりはないのだが、〈人間／動物とは何か〉ということをめぐる探究には、暫定的な終わりを画する標識すら現れない。

　しかし、人間は死ぬ。探究には終わりがなくても、個体としての人間はいずれ死ぬ。この 3 年ほど、私は、いつかは死ぬということを意識するようになった。実は、死は、生命にとっての宿命ではな

い。遺伝子や単細胞生物には、死は存在しない。しかし、多細胞の「個体」は、死を必然として引き受けなくてはならない。さらに、死を自覚することは、多くの論者が繰り返し説いてきたように、人間的と言えば人間的な特徴だ。

探究の無限性と個体の生の有限性のギャップは、終わらない思考に暫定的な区切りをつけて、その成果を世界に解き放つことで埋められる。ちょうど、性によって次世代につながる多細胞個体が、単細胞の生殖子を放つように、である。

そこで、私は、この終わりのない思索を、『動物的／人間的』と題するシリーズとして発表することにした。本書は、その第Ⅰ巻である。全体として4巻になる予定である。続巻のタイトル（仮）は、以下の通りである。

　　Ⅱ　贈与という謎——霊長類の世界から
　　Ⅲ　社会としての脳——認知考古学と脳科学の教訓
　　Ⅳ　なぜ二種類（だけ）の他者がいるのか——性的差異の謎

弘文堂編集部の中村憲生さんに、この主題で本を書くことを約束して、もう十年以上にもなる。中村さんをずいぶんお待たせしてしまった。ちょうど、中村さんを中心に始まった『現代社会学ライブラリー』に組み込むかたちで、年来の企画を公表することができた。

まだ終わってはいないが、大海に船は出た。中村さんの驚異的な忍耐と応援がなければ、船出への勇気は出てこなかっただろう。中村さんに心から、お礼申し上げたい。

2012年6月

大澤真幸

【著者紹介】
大澤 真幸（おおさわ まさち）

1958年生まれ。社会学者。2007年『ナショナリズムの由来』（講談社）で毎日出版文化賞受賞。

主要な著書に『身体の比較社会学』（勁草書房）、『虚構の時代の果て』（ちくま学芸文庫）、『不可能性の時代』（岩波新書）、『〈自由〉の条件』（講談社）、『量子の社会哲学』（講談社）、『現代宗教意識論』（弘文堂）、『夢よりも深い覚醒へ』（岩波新書）、『〈世界史〉への哲学　古代篇』『〈世界史〉への哲学　中世篇』（講談社）、『ふしぎなキリスト教』（橋爪大三郎との共著、講談社現代新書、中央公論新書大賞受賞）、『二千年紀の社会と思想』（見田宗介との共著、太田出版）など。

編者に『社会学文献事典』『政治学事典』（弘文堂）、『事典哲学の木』（講談社）など。

2010年3月より、個人思想誌『大澤真幸 THINKING「O」』（左右社）を発行。

動物的／人間的──1. 社会の起原　　　　　　現代社会学ライブラリー 1

平成24年7月30日　初版1刷発行

著　者	大澤 真幸
発行者	鯉渕 友南
発行所	株式会社 弘文堂　101-0062 東京都千代田区神田駿河台1の7　TEL 03(3294)4801　振替 00120-6-53909　http://www.koubundou.co.jp
装　丁	笠井亞子
組　版	スタジオトラミーケ
印　刷	大盛印刷
製　本	井上製本所

ⓒ2012　Masachi Ohsawa. Printed in Japan

JCOPY　〈(社)出版者著作権管理機構　委託出版物〉

本書の無断複写は著作権法上での例外を除き禁じられています。複写される場合は、そのつど事前に、(社)出版者著作権管理機構（電話 03-3513-6969、FAX 03-3513-6979、e-mail:info@jcopy.or.jp）の許諾を得てください。
また本書を代行業者等の第三者に依頼してスキャンやデジタル化することは、たとえ個人や家庭内の利用であっても一切認められておりません。

ISBN978-4-335-50121-0

現代社会学ライブラリー

各巻平均160ページ、本体価格1200円　＊タイトル・刊行順は変更の可能性があります

【刊行予定】

1.	大澤 真幸	『動物的／人間的──1.社会の起原』	＊既刊
2.	舩橋 晴俊	『社会学をいかに学ぶか』	＊既刊
3.	塩原 良和	『共に生きる──多民族・多文化社会における対話』	＊既刊
4.	柴野 京子	『書物の環境論』	＊既刊
5.	吉見 俊哉	『アメリカの越え方──和子・俊輔・良行の抵抗と越境』	＊9月刊
6.	若林 幹夫	『社会(学)を読む』	＊9月刊
7.	桜井 厚	『ライフストーリー論』	＊9月刊
8.	武川 正吾	『福祉社会学の想像力』	＊9月刊
9.	大澤 真幸	『動物的／人間的──2.贈与という謎』	
10.	赤川 学	『社会問題の社会学』	
11.	佐藤 健二	『論文の書きかた』	
12.	島薗 進	『スピリチュアリティと現代宗教の変容』	

【続刊】

大澤 真幸　　『動物的／人間的──3.社会としての脳』
奥井 智之　　『恐怖と不安の社会学』
石原　俊　　『〈群島〉の歴史社会学』
大澤 真幸　　『動物的／人間的──4.なぜ二種類(だけ)の他者がいるのか』
佐藤 卓己　　『プロパガンダの社会学』
竹ノ下 弘久　『仕事と不平等の社会学』
西村 純子　　『ジェンダーとライフコースの社会学』
....
市野川容孝、内田隆三、奥村隆、北田暁大、木下直之、佐藤嘉倫、土井隆義、藤村正之……ほか執筆予定

信頼性の高い21世紀の〈知〉のスタンダード、ついに登場！
第一級の執筆陣850人が、変貌する現代社会に挑む

現代社会学事典

2012年10月刊行予定

【編集委員】大澤真幸・吉見俊哉・鷲田清一　　【編集顧問】見田宗介

【編集協力】赤川学・浅野智彦・市野川容孝・苅谷剛彦・北田暁大・塩原良和・島薗進・盛山和夫・太郎丸博・橋本努・舩橋晴俊・松本三和夫

現代
宗教意識論

大澤真幸【著】

定価（本体2000円+税）

社会は宗教現象である

現代日本を代表する社会学者が、ポストモダンの現在における社会現象や出来事を、宗教現象として解釈する。

すべての偉大な社会学者は、いずれも宗教社会学者でもあった。社会学の個別分野だけではなく、社会学の一般に影響を与えた偉大な社会学者は、いずれも、宗教に特別な関心を寄せていた。彼らは、宗教を、政治や経済や教育といった他の社会現象と並ぶ一領域と見ていたのではなく、それらすべての領域を横断し、包括するような特権的な現象として扱った。……彼らは、宗教社会学者であるまさにそのことにおいて、社会学者そのものだったのである。社会への全般的な関心が、まずは宗教への関心という形態を取ったのだ。すべての重要な社会学者が宗教社会学者だったのはどうしてであろうか？

(本書「序」より)

ロスト近代
―― 資本主義の新たな駆動因

橋本 努【著】

定価（本体**2200**円＋税）

資本主義を再起動する

失われたのは「未来」だ。勤労精神の喪失(ロスト)、欲望の喪失(ロスト)。劣化していく日本社会。ポスト近代社会の煮詰まった停滞を破り、3.11後の危機を第二の文明開化へと転換する。気鋭の社会学者による、渾身の書下ろし現代社会論。

宴は終わり、下り坂を迎えた日本社会。私たちはこれから、どこへ向かうのだろう。（…）先々のことを考えると気が滅入ってくる。そんな時代の在り様を、本書はひとまず「ロスト近代」と呼んでみた。（…）贅沢な記号消費に彩られた「ポスト近代」社会が終焉し、斜陽に包まれた社会が到来した結果、私たちの思考習慣はいま、根底から揺らいでいる。かかる現代の歴史的位相を、大局的に掴んでみようというのが本書の狙いである。………

　大震災とその後の原発事故によって、多くの人命と生活が奪われてきた。ある人は故郷を追われ、ある人は最愛の人を失った。私たちはまた依然として、放射性物質による生命の緩やかな致死におびえている。（…）この時代に失われたものとは、端的に言えば「未来」である。未来を根拠として現在の否定性を受け入れるという、精神のメカニズムである。そのような喪失の感覚が広がる現代において、私たちはどんな社会構想を企てることができるのだろうか。

（本書「はじめに」より）

帝国の条件
―― 自由を育む秩序の原理

橋本 努【著】

定価（本体**3500**円＋税）

9.11以後に、もう一つの世界は可能か？
善き帝国の世界を構想する倫理的実践の試み

2001年9月11日のテロ事件、すなわちテロリストたちによるニューヨーク世界貿易センタービルの爆破が企てられたとき、私はニューヨークの自宅で朝食をとっていた。事件の約一年前から、私は客員研究員としてニューヨークに滞在していたのである。この事件を間近に経験した私は、その後約3ヶ月間つづいた炭疽菌事件の余波で、文字通り「テロられる」ことになってしまった。以来私は恐怖に怯えながらも、世界秩序の問題に関心を寄せてきた。テロ事件の直後はニューヨークから発言し、約一年後に帰国した後には、主として思想的な問題について考察をすすめてきた。本書は、その思想的な考察をまとめたものである。20世紀前半の二人の思想家に託して言えば、私はシモーヌ・ヴェイユのように現状を理論化し、エルンスト・ブロッホのように希望を語りたいと願っている。本書は、崖っぷちから紡ぎ出されている。漠たる生の危機感から、私はある種の不可能性に賭けている。

（本書「はじめに」より）

地球変動の
ポリティクス
―― 温暖化という脅威

米本昌平【著】

定価（本体**2400**円＋税）

原発問題を地球規模で考えるための必読書

地球はいま、何をなすべきか？
温暖化や原発に、どう向き合うのか。
戦後精神離脱からの先鋭な文明論。

2011年3月11日、日本は突然、東日本大震災に襲われ、それまでとは別の社会に移行した。第一次世界大戦によって、欧州社会は19世紀的価値観の近代から、20世紀の現代へと変貌した。戦場にならなかった日本は、1923年の関東大震災によって同様な変貌を強いられた。東日本大震災によって、日本の何がどう変わったのか。それはこんご、明らかにされていくであろう。しかし、もし、今回の大震災が、過去60年以上、先進社会が襲われることのなかった戦争による巨大破壊と重ねうる――巨大津波に襲われた後にビルだけが残ったあの光景――とすれば、これを境に変ったことの一つは、戦後日本が抱いてきた安全保障に関する感覚ではないだろうか。

(本書「はじめに」より)